随园班主任小丛书　总主编　齐学红

让我看见你

学生问题教育诊疗

主编
华　莉　姚晓欢　赵月红

- 江苏省教育科学"十四五"规划重点立项课题（课题批准号：B/2021/02/132）"教育诊疗：学生问题积极干预的策略研究"课题成果
- 江苏省2022年基础教育前瞻性教学改革实验项目"教育诊疗积极干预学生问题的区域实践研究"项目成果（项目编号：2022JSQZ0303）

RANGWO KANJIANNI

复旦大学出版社

总序：看见学生，看见自己

策划"随园班主任小丛书"的想法有两个原因：

一是从班主任工作实际出发，为广大一线班主任量身打造一套短小精悍、易于操作、方便携带的实用指导书，是自己从事班主任研究近20年形成的研究自觉和教育初心。一线班主任老师长期处于实施教学与管理、协调校内外各种教育关系、落实学校各项工作的关键岗位，往往无暇、无力对自己的班主任工作进行审视和反思，从事班主任研究更是奢望；他们面对大部头的教育理论书籍，更是望而却步，敬而远之；他们渐渐地在大量事务性工作中迷失了自我，进而产生了职业倦怠现象。因此，为一线班主任老师提供好的指导用书，成为自己多年的心愿。

二是源于自己的读书经历。早在1984年，我自己初为人师，在中学教语文的同时担任班主任工作。虽然是师范院校毕业，但那时既不会教书也不会做班主任。在图书资源贫乏的80年代，除了基本的教学参考书之外，读到的唯一一本教育经典著作是苏霍姆林斯基的《给教师的一百条建议》，正是这本书开启了我对教育研究的热爱。除此之外，当时还有一套人文社会科学的启蒙之作叫"五角丛书"：五毛钱一本，书的开本不大，可以装在口袋里；内容涵盖了许多人文社会科学的经典著作，对我而言是人文精神的启蒙，至今仍难以忘怀。自己从教30多年，仍能保持热爱教育、热爱学生的初心，是与人文思想的启蒙分不开的。在我看来，对于生活在这个日渐浮躁时代的年轻教师而言,教育教学方法、班级管理经验的习得与积累固然重要,更重要的是需要人文精神的启蒙。只有明白了何为教育,为何而教,何为社会,何为人生以及一个人如何追求生活的意义和价值,才能履行教育事业应有的人类文明、文化传承的使命。而这样的人文社会科学思想的启蒙,要比具体的教育教学方法更重要。从阅读"五角丛书"到编写"随园班主任小丛书",承载了一位从中学教师成长为大学教师的教育学者的教育梦。

因此,这套小丛书的编写并不局限于班级教育与管理的方法策略层面,而更多的是从班主任的生命历程出发,呈现这些方法策略是何以诞生的,它们与作为具体生命存在的班主任的生活史、成长史密不可分。从小丛书的几本书名来看——《初任也智慧——初任班主任的11个第一次》《让我看见你——学生问题教育诊疗》《"慧"沟通——家校沟通有讲究》《1加1大于2——家班共育有创意》《真体验,真发展——班级特色活动设计》——都是从优秀班主任成长历程中的关键事件出发,发掘自身生命成长的重要元素,进而为年轻班主任老师提供可资借鉴的实践智慧。

例如,《初任也智慧——初任班主任的11个第一次》一书,选取初任班主任的11个第一次:第一次见面会,第一次排座位,第一次订班规、选班委、开班会、组织活动、处理突发事件,第一次开家长会、家访,第一次写评语等关键事件;写作体例主要包括几大板块:"成长案例""教师说""学生说""家长说""专家说""带班小窍门""我的思考"。通过案例分析,多角度、全方位地看待初任班主任成长中一个个看似平常的小事件可能蕴含的大智慧,以及对班主任个人成长的意义和价值所在。

《让我看见你——学生问题教育诊疗》一书,旨在帮助更多的老师增强因材施教的意识与能力,掌握更多的了解学生、"看见"学生、解读学生的方法,通过收集学生多方面的信息,为日益复杂多变的学生问题把脉。其中传递出的发现学生、与学生一起成长的意识,以及研究学生、读懂学生的方法策略是难能可贵的。

参与这套小丛书编写的作者,是南京师范大学班主任研究中心"随园夜话"的核心成员以及长期的合作伙伴。他们有着丰富的班主任工作实践经验,其中大多数是名班主任工作室的主持人或成员,他们对班主任工作抱有的教育热情、专业精神与研究态度,可以为广大一线班主任提供很好的示范作用;其中呈现的方法策略和实践智慧,具有很强的指导作用。希望广大读者在这套丛书中看见学生、看见自己,共促师生生命成长!

南京师范大学班主任研究中心教授、博导

齐学红

写于南京朗诗国际

2022 年 10 月 3 日

目 录

前言 / 001

因材施教,"教书匠"的垦荒之路
——学生问题与教育诊疗 / 001

一、寻路——什么是学生问题? ……………………………… 002
　（一）如何界定学生问题? ……………………………… 002
　（二）学生问题产生的原因 ……………………………… 003
　（三）班主任如何面对学生问题? ……………………… 004
二、探路——学生问题如何分类? …………………………… 007
　（一）从学生问题严重性程度不同划分 ………………… 007
　（二）从学生问题的从属关系来划分 …………………… 009
三、出路——学生问题如何解决? …………………………… 010
　（一）教育诊疗是什么? ………………………………… 011
　（二）教育诊疗的特点是什么? ………………………… 014

每个老师都需要一个工具箱
——如何做学生问题教育诊疗 / 017

一、甄别——哪些学生问题需要教育诊疗? ………………… 018
　（一）时间能够淡化的学生问题如何解决? …………… 018

（二）轻度的学生问题如何诊疗？ ·· 018
　　（三）中度的学生问题如何诊疗？ ·· 018
　　（四）重度的学生问题如何诊疗？ ·· 019
二、发现——如何搜集原始资料？ ·· 019
　　（一）搜集原始资料需要的材料 ·· 020
　　（二）搜集资料时的注意点 ·· 020
三、碰撞——教育会诊怎么做？ ·· 022
　　（一）教育会诊前的准备工作 ·· 022
　　（二）教育会诊中的讨论工作 ·· 022
　　（三）教育会诊后的完善工作 ·· 022
四、对策——如何做初步诊断？ ·· 022
　　（一）确定学生问题 ·· 023
　　（二）确定学生问题背后的原因 ·· 023
　　（三）制定转化措施 ·· 026
五、反思——教育诊疗中的实施与反馈 ·· 027
　　（一）实施干预过程中要注意的问题 ·· 027
　　（二）反馈时要注意的问题 ·· 028
六、读懂心灵体检单——怎样建立心灵档案？ ·································· 029
　　（一）早期记忆 ·· 029
　　（二）词语联想 ·· 037
　　（三）绘画测试 ·· 044

一条路，一扇门
——他们的故事 / 074

一、学生个体与自我关系中的问题 ·· 074
　　（一）时间管理问题：拖延，背后有真相 ···································· 074
　　（二）"学霸"的心理问题：期待你的阳光笑脸 ································ 084
　　（三）内驱力不足的问题："佛系少年"的教育之路 ···························· 094

（四）情绪的问题：失控的孩子 ………………………………… 104
二、学生个体与他人关系中的问题 ……………………………………… 114
　　（一）异性交往问题：为"爱"痴狂 ……………………………… 114
　　（二）学优生的自律问题：不完美的"学霸" …………………… 125
三、学生个体与环境关系中的问题 ……………………………………… 134
　　（一）离异家庭孩子的问题：面对父母缺位的孩子怎么办？ … 134
　　（二）校园欺凌的问题：为什么受伤的总是我？ ………………… 144
四、学生个体与时代关系中的问题 ……………………………………… 155
　　（一）手机使用的问题：手机，天使 or 魔鬼？ ………………… 155
　　（二）同胞竞争问题：老大的烦恼 ………………………………… 166

后记 / 177
主要参考文献 / 179

前　言

【场景一】

静静是个成绩一般的女孩子,她安安静静,话不多,也不掺和在女孩子们的各种八卦中,更不会主动跟男生搭讪。在老师和同学们的眼里,她就是个"小透明"。可是到了七年级下学期,她开始和一个九年级男生早恋。这个九年级男孩毕业后,她又和新九年级的一个男生开始了爱情之旅,他们戴一样的手环、穿同款的鞋子……老师多次找她聊天,都没法进行实质性的交流,最后以写一份保证书潦草收场。

【场景二】

源源的数学成绩还不错,在年级排前十,可是他英语学得非常吃力。英语老师觉得一个能把数学学好的孩子一定不笨,有天放学后,单独花了一小时教他用音节法背单词,背了 20 个单词,师生俩都很开心,老师鼓励他明天好好默写,第二天给同学们一个惊喜。可是第二天早上默写,他错了 18 个,b 写成了 d,q 写成了 p。为了拯救孩子的英语,家长找了个英语专业的大学生,晚上来家里帮助源源背单词,拼读法、形象记忆法、谐音法……什么方法都用遍了,到了六年级,他的的单词总量还是没有超过一百个。

【场景三】

小宇是个温和的男孩,平时跟同学们相处都很好。可是,每学期总有那么两三次,他会为一点小事跟同学打架。小宇父母都是性格温和、言语不多的人,从来没有打过架,也没有打过小宇。班主任老师一次次跟小宇讲团结同学的重要性,甚至召开主题班会讨论如何与同学和睦相处。可是,该发生的还是发生,懂很多道理的小宇还是会对同学动手。

对班主任老师们来说,上述场景一点都不陌生,处理的办法也差不多——请家长、讲道理、开主题班会、写保证……

这是三个真实的案例。

我们收集了他们的资料：静静的资料里都是比她自己年纪大的"哥哥""姐夫"，描述他们如何帮助自己、如何疼爱自己——她是个从年纪长的异性身上获得安全感的孩子。在源源的资料中，我们发现他有一次把"手"写成了"毛"，在他的世界里，b、p、q、d这些有点相似的字母都是一样的——他是一个有读写障碍的孩子。在小宇的五项图和全家福中，每个人都没有画嘴巴和耳朵，但是手却画得很完整，甚至五根手指都画了出来——他就是个不会用语言，只会用动作表达喜好和愤怒的孩子。

如果用常规的教育手段，这些都是不可理喻的、品德和能力有问题的孩子。家长和老师不知道他们为什么会这样，道理讲了千万遍也不奏效。孩子自己也想改变，可不知道从何入手。

原因只有一个：孩子不懂自己，我们不懂孩子，当然谈不上因材施教。

针对这一困局，我们成立了教育诊疗研究小组，从理论到工具，从个体到群体，探索一条用真方法、解决真问题的路径。

念念不忘、必有回响。几年来，我们的研究成果纷纷受到有识之士的关注：

2017年，受国家教育行政学院之邀，团队六位教师赴北京录制了8节教育诊疗视频公开课，已经在全国范围内的教师培训中公开使用。

2021年，南京师范大学班主任研究中心组织我们团队的教师录制了10节"个别学生教育"教师培训课程，已在全国公开教学。

2022年，"教育诊疗：学生问题积极干预的策略研究"被批准为江苏省教育科学"十四五"规划重点课题，同时成功入选江苏省基础教育前瞻性教学改革实验项目。

一、为什么编写这本书？

我们编写这本书，是希望帮助更多老师多一点因材施教的意识和能力，掌握更多了解学生、"看见"学生、解读学生的方法。

为什么两千多年前的中国人就意识到因材施教的重要性了，而直到今

前言

天,信息不对称的局面早已打破,每个人都可以轻松获得各方面的教育理念和方法,因材施教在家庭教育、学校教育中却依然只是个理想化的名词呢?

❶ 教师对因材施教的理解不足

别说年轻老师了,即使是从教多年的老教师,对"因材施教"的具体内容和实施方法都不甚了解。因材施教,要求教师能运用科学的方法了解学生的真实模样,认识学生的天分和劣势,认知学生的性格和特点。

有的老师认为课多,学生多,没有时间和精力去"因材施教"。还有一些老师认为教学条件差,没法进行"因材施教"。这么说的老师没有深刻认识到"因材施教"的重要性,没有从"因材施教"中获益,没有从中感受到教育工作的专业感和幸福感。

❷ 缺少工具和手段

会解决问题的老师,一定是从"读懂学生"开始的。我们该如何去认知学生、了解学生呢?大部分人能想出来的方法是谈话法和调查法。这些简单的方法的确可以帮助老师获取不少信息,洞察力好的老师可以从中获得很多有价值的信息。但是,这样获得的信息通常是肤浅的、表面的。比如,有经验的老师一看就知道某学生的兴趣爱好、交友倾向等。而如果缺少专业技术,老师们通常发现不了学生内心深处的东西,比如,为什么他喜欢跟女生玩而不喜欢跟男生玩?为什么她总是喜欢讨好别人?

也有视角前沿一些的老师会采用科学量表来了解学生,如了解学生学习风格的《学生学习风格测评量表》,了解学生性格的《九型人格量表》等。这些方法能将学生进行分类,教育的针对性自然会好很多,但是仍然粗糙,做不到"一人一案"。

❸ 缺少分析资料的能力

收集来的资料只是信息,如果不会分析,那就只是信息,不能变成教师的知识和工具。这犹如得到一块宝石,因为没有能力将它加工成艺术品,无法进一步发掘出它的价值。

教育诊疗就是一个工具，它通过收集学生的原始资料、早期记忆、词语联系、图画等资料，还原学生最初是如何看待这个世界的，以及他们内心真正的追求。它从性格到人际关系，从学习能力到兴趣爱好，对学生进行更加全面、个性化的分析。学习教育诊疗的第一步是学习如何收集资料，第二步就是学习如何分析资料。通过分析资料、问诊、提出假设等方法，获得科学的、持续的、有针对性的、可操作的方法。

二、这本书讲什么？

这是一本帮助教师优化教育思路和提升教育手段、在了解学生的基础上实现因材施教的书。

北京师范大学董奇教授呼吁中小学教育要"从经验教育向科学教育转变"，用科学的思维方式和手段去实施教育。本书将从观念到技术到手段，帮助我们老师改变教育的理念和方法，建立一个 know what→know why→know how 的底层思维逻辑。

❶ 真方法、真工具，学习真本领

当下，学生问题呈现出多样化、复杂化的现状，我们从老祖宗那里学来的教化、感化这些方法有时候不管用了。随着脑科学的发展，有一些聪明的人为我们探索出了新的解决思路，这种思路的前提是需要改变旧有的发现问题→解决问题的思路，转变为发现问题→分析问题→解决问题的思路，核心是分析问题。这是个底层逻辑思路，也就是 what→why→how 的黄金思维圈法则，适用于解决大部分难题。我们教育诊疗借用了这个思维方式，在 why 部分做了深入的探索和研究，从收集资料→分析资料→提出假设→验证假设→提出对策→实施反馈几个环节，挖掘现象后面的原因，用理性的、冷静的研究态度去分析问题。坚持实践，我们都可以成长为研究型教师。

教师参与教育诊疗，不仅能学到知识和技能，还可以在诊疗过程中培养科学的精神和思维方式，不知不觉中养成不盲从、不随意、不武断的科学思维习惯。讨论一个案例，相当于解剖一只麻雀，从宏观处得知全貌，从细微处发现真相。在分析案例时，我们常会被一些小的细节感动，或遗憾、或担

前　言

心、或自责，分析过程，也是老师自我熏陶的过程。在研究案例的过程中，我们能感觉到自身的变化——心态的变化和思维方式的变化，考虑问题更周全了，言行也更谨慎了。这是教师的自我成长过程。

很多学过教育诊疗的老师感慨：在学习教育诊疗之前，别说了解学生了，我们就连自己和家人都不了解。遇到事情，急匆匆地问"怎么办"，而不是先问"为什么"。现在，学习过教育诊疗的老师比以前更从容，更包容，更像专业技术工作者了。

❷ 真调查，真研究，解决真问题

本书不是一本教师职业道德的说教书，更不是安抚教师的美文集锦。书中提及的工具和案例已经帮助了很多年轻教师改变了教育思路和方法，让上万学生从中获益。

五年来，我们研究团队的老师收集了1000多个教育案例，编写本书时，我们从中挑选了十个典型案例，回避了那些不够典型的、出现率不高的案例，回避了那些看起来棘手但是能够随着时间推移慢慢淡化的问题，也回避了教育诊疗难以解决的重度以及部分中度的学生问题。

我们尝试着对学生问题进行了分类，针对不同成因的问题提供不同对策，并在积极探索一套给老师、给家长，以及给学生的锦囊。这些成果也将在教育策略方面加以呈现。

三、如何使用这本书？

全书分为三个部分——理论部分、工具部分和案例部分。在理论部分，我们向读者介绍学生问题的成因、界定和分类。工具部分包括材料收集、材料分析过程中所需要的工具，手把手教我们的老师怎样把自己锻炼成为一名身怀绝技的专业技术人员。案例部分包括不同类型的学生问题——学生个体与自我关系中的问题、学生个体与他人关系中的问题、学生个体与环境关系中的问题、学生个体与时代关系中的问题，涉及内驱力不足的问题、多孩家庭孩子的心理诉求问题、青春期异性交往问题等。

你可以把它当成一本实用类教育书籍，从理论到工具到实操，一步步看下来。你也可以直接跳到第二部分即工具部分，拿自己和身边的人练手，熟悉工具使用中的专业术语和使用规则：你的早期记忆是什么？为什么你只记得这些事而跟你同时长大的伙伴记得的却是别的事？把自己练熟了之后，可以去练你身边的人，看看他们有哪些联想词，他们的五项图是怎样的。当然，你还可以去练学生，分析他们身上存在的那些问题的原因，寻找解决问题的抓手。如果你是个刚工作不久的年轻老师，你可以直接从第三部分开始看，这一个个小故事里的主人公，或许就像你们班的某某某。看完之后再回到第二部分去寻找解决问题的思路。

　　建议你看完案例后不要直接看诊疗小组给出来的策略。看完一个案例描述和原始资料后，先想一想：我身边有这样的学生吗？我是怎么处理他的问题的？或者，如果是我，我会怎样处理他的问题。然后再看问诊、初步诊断和实施反馈，以锻炼和提高自己分析问题的能力。

　　教师是专业技术人员，希望每个年轻老师能够掌握好教育诊疗这门专业技术，用这门技术去帮助学生、成就自己。

编者

2023年2月

因材施教，"教书匠"的垦荒之路
——学生问题与教育诊疗

> 有些老师花了大量的时间和精力去解决学生问题，而效果却微乎其微。学生问题看似小毛病，解决起来却非常复杂。更可怕的是，一个问题还没解决，新的问题又出现了。这就导致老师在学校需要花费大量的精力去完成这些沟通和管理工作，它们挤占了老师大部分的教研时间，长此以往，这样的恶性循环让老师疲惫不堪，专业技术能力得不到发展。那么，什么是学生问题？学生问题具体分为哪几种？遇到学生问题究竟应该怎么办？

一、寻路——什么是学生问题？

（一）如何界定学生问题？

学生成长过程中会遇到各种各样的问题，学生问题是指影响学生健康成长的学习、行为、心理等问题。在家庭里，学生问题主要表现在亲子沟通、感恩品质和成长目标等方面；在学校里，学生问题主要表现在学习、行为和思想等方面；在社会上，学生问题主要表现在缺乏社会公德、漠视公共秩序等方面。总之，所有学生都不可避免地存在各种成长问题即学生问题。如果班主任老师及时地把学生即将出现或者初现端倪的问题解决了，学生问题出现的概率就会变小；如果班主任老师头脑中没有问题意识，不去未雨绸缪，对学生问题听之任之不加干涉，本来较轻的问题很可能会逐渐加重。

我们来看看南京师大附中卢元伟老师是如何敏锐地察觉一个学生的成长问题的。

晚自习值班时，我发现A同学总是安静不下来，教室里有任何"风吹草动"他都会抬头张望，时不时还要和周围的同学讲话。我对他的行为进行善意的提醒，A同学欣然接受并表示改正。可没过两天，他故态复萌，晚自习又开始随意讲话。

我在和他母亲的交流中得知：A同学3岁的时候，父亲因为车祸去世，这对他有比较大的影响。成长中父亲的缺失，让A同学始终缺乏安全感。他需要不断确认周围的环境对他是否友善，周围的同学是否愿意和他交流。

我和A同学交流了对待困难时应该有的态度，一起探讨解决他当前问题的办法。我建议他制订学习任务清单,要求他每天晚自习开始的时候,先花一些时间明确当晚需要完成的任务,然后按照任务清单逐项完成。

经过几次的调整后,我现在能感觉到 A 同学在慢慢变化。虽然有时还能看到他时不时地要关注一下教室里的"风吹草动",但是,他在逐步地学会克制自己的行为,更重要的是他身上的焦虑在慢慢减少。

这个案例就涉及了对学生问题的界定。卢老师如果一开始就把 A 同学当成扰乱纪律的问题学生来看待,那么 A 同学也许就成了那样的人。学生身上出现的问题,其实是他们发出的莫尔斯电码——"有人在吗""有人能听懂吗"。而身为教师,就是要敏锐地去捕捉这些微弱电码,并尽力破译电码的含义。

作为班主任,首先需要关注的是学生在不同的年龄阶段出现的问题。解决不好,问题渐渐堆积起来,就比较麻烦。如果提前做好预防,那么学生问题就可能出现得较晚或者不出现。

(二)学生问题产生的原因

学生问题产生的原因是复杂多样的,大致可归纳为家庭方面、学校方面和个人方面。

家庭方面的原因有:

(1)教育方法不当。要么溺爱,让孩子从小就在百依百顺的"温柔"中习惯于"我干什么都对";要么是粗暴,使孩子在呵斥和棍棒中学会仇视一切"教育";要么就是放任,孩子在"只有我自己"中疏远了棍棒也疏离了感情,养成了懒惰散漫的习惯。

(2)家长行为不正。"家长是孩子的第一任老师"已是人人都懂的道理,但为数不少的"第一任老师"却不知不觉以自身并不美好的言行影响着孩子。胸无大志、工作懒散、趣味低级、生活平庸、言谈粗俗、热衷赌博,如此等等都会对孩子造成不良的影响,都是负面的言传身教。

(3)家庭不和。真诚和睦的家庭,不但是孩子生活的温馨港湾,而且从教育的角度看,更是他们健康成长必不可少的良好环境。相反,夫妻经常吵架打架,无疑会在孩子心中投下生活的阴影,扭曲他们的道德是非观念。而有的父母离异造成家庭破裂,使得一些子女失去了应有的家庭温暖和教育,心灵的创伤、感情的失落、"畸形"的教育,使得不少孩子渐渐成为学校中的"后进学生"。

学校方面的原因有:

(1) 教师的歧视。很多"后进生"从小学就被老师冷落,甚至辱骂、体罚。这种歧视,教师不一定有恶意,但后果却使这些学生丧失了自信,丧失了自尊,更严重的是在他们心中播下了对教师乃至对学校、对教育的恨意。

(2) 分数是唯一的评价标准。教师在教学上"一刀切",分数是评价孩子的唯一标准,学生学习成绩的差异加上教师的不断要求,使得越来越多的学生沦为"后进生"。"多元智能""因材施教"等理念并不能真正深入教师的心里。

个人方面的原因有:

(1) 智力状况。个别学生反应迟钝、接受能力较弱,是他们学习落后进而产生问题的原因。

(2) 身体状况。体质较弱、身体有某些方面的疾病,或者是心理和性格有缺陷,也会导致孩子的学习成绩不佳,进而产生问题。

(3) 交友不慎。不正当的交友,染上社会恶习,是一些学生产生问题的重要原因。

(三) 班主任如何面对学生问题?

其一,寻找答案还是寻找原因?

碰到学生问题时,很多班主任都会迫不及待地想办法去解决问题,而顾不上或没有意识去寻找原因。其实任何事情的发生,都有其原因,有时原因找到了,答案自然就出现了。比如,班里有学生习惯性地顶撞老师,表面看是学生问题,实际上问题也可能出在老师身上:有时老师没有了解真实情况,冤枉学生了;有时老师会带着"分数的有色眼镜"看待不同学生,对学生不公平;有时老师提出的任务是学生无法完成的;有时老师会讽刺、挖苦学

因材施教，"教书匠"的垦荒之路——学生问题与教育诊疗

生，伤害了学生的自尊；有时只是学生提出不同意见，老师误以为是顶撞。即使学生顶撞老师，问题出在学生身上，不同的学生原因也是不一样的：有的学生可能刚好发生过亲子冲突或同学间的矛盾，心情不好，迁怒于老师；有的学生可能想在同学面前表现自己；有的学生可能想引起老师的注意；有的学生可能是对老师的能力提出质疑；有的学生可能缺乏教养，不知道尊重老师。如果学生顶撞老师的问题出在老师身上，那就需要老师进行改变；如果问题出在学生身上，那就要根据学生不同的原因，找到相应的对策。

其二，追究责任还是自我反思？碰到学生问题时，有些班主任出于保护自己的本能，总会把责任推到别人身上去，缺少自我反思，这样不仅不利于自身的专业发展，也会给学生起到不好的表率作用，不利于学生问题的解决。例如：

> 某学校每个月都会开展"文明班级"评选活动，某位老师的班级，这学期几乎没有被评上一次。为此，班主任利用班会课，让学生对照"文明班级"的评选条件，寻找差距。同学们寻找差距，分析原因，最后都认为是班里的几个"落后分子"经常犯错，被学校值日生扣分，导致班级每次都落选。被指责的这几个孩子不服气，开始回击。班会课变成了"批斗会""指责会"。

学校开展"文明班级"评选活动，所带班级一学期几乎都落选，这跟整个班级都有关系。同学间的相互指责表明班主任在班集体建设中存在问题：没有营造积极向上、互帮互助的班级风气。即使是班里几个"落后分子"的问题，全班同学有没有及时帮助过这几位同学？在处理这起事件时，班主任应马上进行自我批评，把没有评上"文明班级"的责任揽到自己身上，并进行检讨。教师的这种自我批评可以给学生一个启示：如果班级存在问题，每个人应先进行自我反思，反思自己有没有及时关心和帮助班里的同学，反思自己在班集体建设中的责任。这样，部分的学生问题也可以在班集体的正能量中得到改善。

其三，一招制胜还是持续关注？

"十年树木,百年树人",教育具有长期性和复杂性,学生成长是学校教育、社会教育和家庭教育综合作用的结果。在解决学生问题时,班主任不能期望用一两次谈话就能解决学生的所有问题,也不能期望用一两种方法就能解决学生问题。每个学生都是独特的复杂的个体,学生问题还经常会出现反复。当学生问题出现时,班主任要寻求多种方法不断进行尝试,这样才能找到适合每个学生的方法。当找到适合的方法后,班主任也需要对学生进行多次尝试,坚持不懈,持之以恒。当班主任想尽各种方法在学生身上都起不到效果时,也不能垂头丧气、丧失信心、轻言放弃,要坚信每一个学生都会有适合他的方法的,只是我们还没有找到而已。

其四,寻找优点还是关注缺点?

很多老师喜欢给学生贴标签,如乖巧、叛逆、优秀、后进,等等。其实,这些小标签并不能代表学生的全部。这就需要教师用发展的眼光,通过教育的视角,把行为和人分开。比如有这样一个案例:

> 班主任李老师收到这样一条"举报":班里有几个男生建立了QQ群,每天分工做不同的题目,然后把答题过程与答案传到QQ群里,供群里的同学相互传抄。班主任找来了几个学生询问情况,一个学生说:"毕业班的作业太多,每天晚上做到很晚,影响第二天的听课效率。分工做的话,我能早睡一小时,爸妈也知道的。"这时,作为班主任的你会怎么处理?

当班主任处理这样的学生问题时,如果只关注"答案传到QQ群里,大家相互传抄""爸妈也知道的",他会很生气,然后批评这些学生,请家长到学校来谈话等等。那么,班主任是否留意到了问题积极的方面?学生不仅把答案传到了QQ群,也把答题过程传到了QQ群,是否能指导学生怎样利用好这些答题过程和答案?是否能指导学生怎样去"抄"答案?是否能把QQ群"变废为宝",变成师生一起讨论交流学习的群?如果班主任能带着一种积极的眼光去看待学生问题,就会发现许多促进学生发展的契机,就会把消极因素转化为教育学生的积极因素。

每个学生都拥有解决自己问题的力量和资源。很可能一次错误刚好为我们的教育提供真实的场景。学生犯了错,才能够亲身经历错误前后的心路历程,感受当下的情绪和认知,可以看到自己的不足,看清前进的方向。学生问题大多是发展中的问题,属于成长的问题。学生在成长过程中出现问题,班主任不要给学生贴标签,要以一种看待"学生问题和教育问题"这样的一种眼光去处理。

二、探路——学生问题如何分类?

从问题严重性的程度来分类,学生问题可以分为时间能够淡化的问题、轻度学生问题、中度学生问题、重度学生问题;从学生问题的从属关系来分类,可以分为学生个体与自我关系中的问题、学生个体与他人关系中的问题、学生个体与环境关系中的问题、学生个体与时代关系中的问题。

(一)从学生问题严重性程度不同划分

作为专业的教育者,大家知道,学生因为年龄和前期教养方式的不同,再加上他们的大脑和神经系统还没有发育成熟,所以控制不好自己。他们的问题行为通常是能力的问题,而不是态度的问题。所以,老师们需要将工作中遇到的各种各样的学生问题进行分类:判断哪些学生问题是随着时间的推移能够渐渐改善的;哪些学生问题需要在平时的教学和生活中通过调整方法进行改善;哪些问题比较棘手,必须引起重视,科学采取措施,否则该学生的路会越走越歪,将来不好收拾。这就是从学生问题的严重性程度的分类。

❶ 时间能够淡化的问题

在班级当中,会有一部分晚熟的孩子,他们的视知觉、听知觉、语言能力等方面相对比较落后,所以在完成具体的学习任务时,就显得比较吃力。这部分孩子在班级中体验不到成功,渐渐地就会出现不交作业、迟到等现象。

有的孩子为得到关注,就会上课不遵守课堂纪律,下课故意和同学打闹。可是,问题的原因他们自己是说不清道不明的,如果得不到理解,再加上老师和家长给予的额外压力,他们的问题可能越来越多、越来越重。

其中一些心理素质比较好的学生,能够抗得住自己这一段"人生低谷",等长大些会走出低谷,跟上大家的步伐,甚至还会超过其他人。但也有一些相对脆弱的学生,可能会顺着低谷一直滑下去。

学生在不同的年龄阶段都会出现属于这个阶段的问题,如学生步入青春期,随着第二性征的发育和性心理的发展,加之社会因素的影响,一些学生就会有异性交往的问题。大部分孩子只要师长引导他们正确面对,学会如何爱、珍惜爱,随着年龄的增长,这些学生就会走出困境。

❷ 轻度学生问题

这类学生问题,常规的教育手段有时不起作用,但学生的生活、学习大体上还说得过去,对集体也没有大的破坏作用,他们能认同自己的学生身份,老师的教育有时有效,家长对他们也没有完全失控。本书案例部分"学霸"的心理问题,其中谈到的这位"学霸"出现情绪问题和人际交往问题,都属于轻度学生问题。教师用常规的表扬、鼓励不能解决问题,而通过教育诊疗,采取针对性措施,帮助了"学霸"走出困境,最终考入省重点中学。

❸ 中度学生问题

有此类问题的学生有三种:一种是学生的外在行为极其顽劣,在学校无心向学、学习成绩差,存在严重的违反纪律行为。一种是极度要强的"优秀生",他们遵守纪律、乖巧听话、学习努力、成绩好,但内向害羞、不爱说话,在乎自己的形象与价值,承受压力巨大,容易出现心理偏差。还有一种是表现平平的学生,虽然心理压力相对较小,但由于其身上的"好"与"坏"的特点不突出,因此不易引人注意,学习动力不足,自我要求低。本书很多案例中解决的都是中度学生问题,如"情绪的问题:失控的孩子""异性交往问题:为'爱'痴狂""同胞竞争问题:老大的烦恼",等等。这些产生中度问题的学生对学校生活已经很不适应,跟不上大多数同学,心情焦虑痛苦,对集体的破坏作用比较大，常规教育几乎不起作用，家长对他们也基本失控。在案例中，我们将会看到教育诊疗在帮助这些同学时所起到的积极有效的作用。

❹ 重度学生问题

产生重度问题的学生，一般是边缘生，他们徘徊在学校和社会、学校与家庭之间，或者三天打鱼两天晒网，或者已经辍学，心已经不在学校，完全失控。家长根本管不了这些孩子，有的甚至被孩子控制着，实际上他们心中已经不觉得自己是学生了。

此类学生有一种要引起重视，就是一些心理存在严重问题的学生，他们心理上还是认同自己的学生身份的，但是非常危险，常常濒临崩溃。教育诊疗对重度学生问题作用并不大，这一点是老师们要清楚的。

总之，学生在成长过程中会出现各种各样的问题，从教育的角度来说，成长就是一个系统，需要我们从整体的角度去认识学生的成长。分析问题，需要考虑问题的前因和当下影响因素；处理问题，需要分阶段界定人的成长；反思问题，要从不同的角度认识成长过程。

（二）从学生问题的从属关系来划分

从人的社会关系及社会性发展角度出发，遵循人的社会性认知与情感发展所具有的从低到高、由近及远、推己及人的内在逻辑，学生问题可以按个体的人与自我、与他人、与环境、与时代四个关系来归类。

❶ 学生个体与自我关系中的问题

学生在成长过程中首先要做到"自爱"，在此基础上做到"自尊""自信"，从而实现"自强"。学生个体与自我关系中的问题往往是不能正确地认识自我、悦纳自我；缺乏耐挫力、意志力和进取心；不能知耻明理、树立理想。如有一些学生，让人感觉其价值观和人生观明显偏离正轨。他们的行为习惯多数不太好，也会有厌学情绪出现，也有特例表现为学习成绩不错的。老师们对此类学生的直观感受是"坏"。还有一些学生上课不认真听讲、课内外不写作业，有的沉迷于网络，有的干脆辍学在家，但品德方面无大的问题。

❷ 学生个体与他人关系中的问题

学生在成长过程中要学会正确地处理人与人之间的关系,包括与同学、与老师、与家人,甚至与陌生人的关系。学生个体与他人关系中的问题主要是不能平等关爱、换位思考;不能理性沟通、宽容大度;缺乏信任、团结、协作等。比如,有一些学生对班级纪律有破坏性,他们品德不差,心理也健康,但就是不停地出一些状况,无视班级里的其他同学,屡教不改。还有一些学生各方面表现看起来都不错,但是以自我为中心,虚荣心很强,在学校和家庭生活中,沟通一出现问题就要离家出走或采取其他极端方式。

❸ 学生个体与环境关系中的问题

学生在成长过程中要学会正确地处理人与环境的关系。这里所说的环境包括社会环境和自然环境。学生个体与环境关系中的问题主要是不遵守规范,缺少责任担当、公德诚信;漠视生命,不能够与环境和谐共生等。

❹ 学生个体与时代关系中的问题

学生在成长过程中要适应时代发展,把握时代发展带来的机遇,也要面对相应的挑战。学生个体与时代关系中的问题主要是不能把握时代发展中的积极因素,如规范地使用手机、健康上网等。又比如生育政策放开后,孩子视二胎、三胎为资源的抢夺者和利益的分享者,不能正常地构建同胞关系等。

三、出路——学生问题如何解决?

对学生问题,当前教育思路主要有三种:一是动之以情,即实施"爱的教育",这种教育方式强调表扬和赏识学生,强调寻找学生的"闪光点"。这种教育对那些情感缺失的学生效果明显,但这样的学生并不多。二是晓之以理,即"说教",这种教育思路的理论假设是:学生不懂道理导致出现问题,所

因材施教，"教书匠"的垦荒之路——学生问题与教育诊疗

以我们要给他们讲道理。可是在实际工作中，你会发现有的学生的确是不懂事，给他们把道理说通了，问题就解决了。可是，还有学生懂的道理比老师还多，但他们为什么还屡教不改、明知故犯呢？三是约之以法，即"管"。"没有规矩，不成方圆。"通过制定各种规则、检查、评比和集体舆论，表扬做得好的，惩罚做得差的，这种思路对那些有一定自控力或者胆小、不敢乱说乱动的学生最有效。

这三种教育思路有一定用处，用时少，易操作，能解决很多问题，但都是以教育者为中心，而不是从学生的实际出发的，难以做到对症下药、因材施教。因此，我们提倡第四种教育方式，即教育诊疗。

（一）教育诊疗是什么？

教育诊疗区别于一般的心理治疗，在于由教育工作者，而不是心理咨询师，就学生成长中遇到的知识学习、能力发展、情感沟通、行为表现等与周围环境不相容的成长问题，通过信息采集、教育会诊、个性化问题解决策略设计、实施反馈、修正改进等措施，在日常教育和教学活动中，指导学生排除认知偏差，更好地认识自我，从而助力其成长的教育过程。教育诊疗立足于个体需求，坚持问题导向，综合运用各种方式与手段，解决学生的实际问题，以教师、家长与学生的多向建构，实现学生的健康成长。

❶ 教育诊疗 or 心理治疗

外行和刚接触教育诊疗的老师会混淆教育诊疗与心理治疗的关系。这两者的确有相通之处：教育诊疗借鉴心理学知识收集诊疗所需要的资料，如词语联想、画画、梦境等。但是，心理治疗是心理学范畴的手段，而教育诊疗是教育学范畴的手段。

首先，对象不一样。心理治疗的对象主要是有心理健康问题的人，包括未成年人和成年人。而教育诊疗的对象主要是未成年人，有的可能有心理健康方面的问题，但大多数是健康人，只是有认知偏误或者行为问题。

其次，目标不一样。心理治疗的目的是帮助患者恢复到正常的精神状态，而教育诊疗是为了帮助学生排除认知偏误，以更好地认识自我，得到更

好的成长和发展。换句话说，心理治疗的目的是为了"正常"，教育诊疗的目的是为了"更好"。

最后，治疗手段不一样。心理治疗一般主张少干预，心理咨询师只是提供某些条件让病人进行自我治疗。教育诊疗通常在学校的日常教育教学活动中进行，有较强的干预性质。在教育诊疗中，教师不但是治疗者，而且是学生的领导者和指导者，是治疗过程的策划者和督促者。

❷ 教育诊疗 or 传统的教育模式

不了解教育诊疗的老师可能认为它就是在传统教育模式上锦上添花，并没有实质性的差别。

总体而言，当前班主任老师的带班模式主要有两种：

一是"教化"，即通过道德说教、纪律约束来达到管理的目的，必要的时候会要求家长协助管理。其主要特点是"管"，是一种强势管理方式。有了班级集体授课之后就有了这种模式，它简单易操作，也能较好地维持班级的稳定。二是"感化"，女教师尤其擅长通过"感化"来影响学生，达到教育目的。感化，以人文关怀为出发点，以"爱"为教育手段，强调道德和情感的重要性，用师生之间、生生之间的温情感化学生，用集体利益和集体舆论制约学生，以实现学生自我教育的目的。

教化和感化有一个共同的特点，即都是以教育者为中心，而不能充分考虑学生的实际，因材施教。教师想要获得专业技术上的成长，需要科学的理念和技术，并用冷静的研究态度，通过材料收集、逻辑推理、分析问题、解决问题等途径来实施、验证教育效果，及时纠错，以期找到真正合适的教育途径，达到教育目的。我们举个例子来看看传统教育模式与教育诊疗之间的不一样：

> 悠悠上初二了，是个成绩很优秀的女孩，但是她怕老师，一跟老师说话就出汗，上课从来不回答问题，即使老师点名让她回答，她也知道答案，也一句话不说。其实上课的内容，她回家能复述给妈妈听，但就是没法在课堂上说出来，她一说话就会手脚抽筋。

因材施教,"教书匠"的垦荒之路——学生问题与教育诊疗

如果她是你的学生,你该怎么办?

……

我们先来看看她初二的老师是怎么处理的。

她的数学老师认为她是故意的,恃才傲物。他有一次在课堂上严厉地批评悠悠:我就不信有人知道答案还不开口,你就是故意地特立独行,觉得自己很了不起,老师的问题不值得回答!从那之后,他的处理办法是不管她,不批评也不表扬,就当她是空气。

语文老师见过有人在操场上喊悠悠名字的时候,悠悠吃了一惊,然后赶紧跑开的模样。既然悠悠在家表现正常,在公共场合不能回答问题、表达自己,可能是过度胆小所致。她的处理办法是让一个成绩不好但性格外向的女孩做她的同桌,有学习问题就向悠悠请教,帮助悠悠渐渐克服胆小的毛病。

看起来语文老师的方法比数学老师温和一些,也高明一些,但是最终也没有收到效果——悠悠还是不说话。

英语老师学过教育诊疗,她觉得背后有原因。她让悠悠妈妈协助采集了悠悠的早期记忆。她的早期记忆里有两条引起了英语老师的关注:一件是她4岁的时候,家里买回了一盆金桔树,树上结满了果子,她把果子一粒一粒全捏碎了,一粒不剩。第二件发生在她5岁的时候,在放学的路上,看见远远的地方有个东西在动,她以为是狗,吓得掉头就跑,撞在了树上。

金桔是静态的,不会对人产生威胁。狗是动态的,可能会有威胁。英语老师分析,悠悠对静态的东西有掌控感,她可以随手捏碎。而对不可控的动态的狗,充满了畏惧。

英语老师对悠悠的教育是这样的:她从让悠悠帮助做一些静态的事情开始,如让她拿作业本,让她帮助改作业;而不是让她去帮助动态的人,回答不可控的问题。慢慢地,悠悠在英语课上能回答问题了。

这三个老师的教育思路,就是受了不同的思维方式的支配——数学老师是教化,是行政思维;语文老师是感化,是文学思维;英语老师是诊疗,是科学思维。

③ 教育诊疗 or 医生治疗病人

教育诊疗和医生治疗病人有相似之处——医生通过科学手段治疗病人身体上的病症，教育诊疗通过科学手段治疗学生思想上、心理上或行为上显性或隐性的问题。

"诊疗"是医学名词，《现代汉语词典》对"诊疗"的定义是"诊断与治疗"。"诊"是勘察了解的过程，"断"是下结论的意思。而"治疗"在医学上是指用药物和手术等多种方法消除疾病。"诊疗"所代表的教育意义有以下几个方面：

一是"诊疗"一词包含着教育中的"问题意识"。"诊"的对象在医学中是疾病，在教育中就是"问题"。"诊疗"就是要让教师不断地发现教育中的问题，坦然地面对这些问题，不能"讳疾忌医"。但要特别注意的是，无论是学生问题，还是班级问题，大多数问题都应该是"发展性问题"。

二是"诊疗"一词包含着教育中的"分析意识"。特别是"诊"这个字在教育中的运用，要求教师不能凭经验和直觉去处理学生问题，一定要全面地了解和分析后，再去解决这个问题。

三是"诊疗"一词包含着"现实意识"。普通教师研究问题，最重要的是解决自己面对的"现实问题"，哪怕这个问题是很低级的，哪怕这个问题在专家眼里算不上什么问题，可是这些问题都是一线教师必须面对的。

四是"诊疗"一词包含着"专业意识"。医学上的"诊疗"是一项很专业的工作，教育上采用这个词，也是在不断地提醒教师，教育是一门专业，我们要做专业的教育工作者。

（二）教育诊疗的特点是什么？

教育诊疗的核心是科学的思维方式，是通过多重技术手段，采取有效的干预措施，来帮助学生更好地成长与发展。具体表现在这几个方面：

1. 教育思路的科学性

在实际教育过程中，当学生出现问题时，教师的第一反应通常是"怎么办"，然后赶紧思考对策、处理问题。而科学的思路是在遇到问题时先问"为什么",探究问题背后的真正原因,然后再问"怎么办"。

把教师思路从"怎么办"导向"为什么",不但有利于问题的解决,还有利于教师的专业成长和心理健康。如果教师停留在"消防员"的层次上,当学生出现问题的时候,为了表现出自己的专业性,会急于做出是非判断和道德归因,结果教师的注意力被带偏,陷入与学生的"是与不是"的辩论中,双方为立场而争辩,为态度而争辩,而忽略了问题背后的真相。如果教师意识到自己的专业身份,通常不会立即被"情绪"绑架,转而冷静地将"问题"当作研究对象,开始真正的思考与分析,这就是专业教育工作者应该有的样子。

2. 教育方法的科学性

在常规的教育模式中,老师们在不明问题真相的情况下,轮番使用教化、感化等方法,这是对问题的本能反应、普通应对,针对性不强,教育效果也带有一定的偶然性。而教育诊疗,要求对具体问题进行具体分析,根据学生出现的问题,收集学生的资料,进行科学的分析诊断,制定对应的教育措施,进行精准转化。教师对资料进行分析、研究、会诊,从而更加了解学生,从深层次了解学生诉求、解决学生问题,这既促进了学生的发展,也提高了教师的专业水平。

3. 教育技术的科学性

教育诊疗常用的技术手段有早期记忆、词语联想、画画等。一百多年来,这些技术已经在心理学领域得到了广泛的使用和验证。多年来,我们结合大量案例,根据学生的年龄特点进行一次次的迭代。比如,词语联想中使用到的领词的数量、词性、抽象性等就根据学生的年龄、认知水平、性别等进行了多次的更新。

4. 研究方式的科学性

教育研究领域积累了很多传统的研究方法,如调查法、观察法、访谈法、实验研究法等。教育诊疗采用的案例分析法,贴近一线教师的实际工作情境,能够解决一线教师每天面临的常见问题。

案例分析法要求老师拿出自己的真实案例,根据案例所呈现的资料,实际分析问题、解决问题。"提供真实案例"要求老师熟悉自己提供的案例,对一些浅显的因果关系要有自己的想法,避免简单地归因。在实际分析过程中,我们还要追问很多问题。比如,某个同学的早期记忆里有"被狗咬了"这一条。会诊时,可能有老师会追问:受伤了吗? 当时他是怎么想的? 他是害怕还是抱怨妈妈没有保护他? 提供资料的老师必须根据老师们的追问,对资料进行补充和解释。

会诊过程是"提问—回答—初步诊断—质疑—验证—提供解决方案"等多环节形成的闭环,既渗透了理论研究,又推动了行动实践。老师们既解决了自己的问题,也明白了问题背后的理论依据。从实践经验来看,对于一线教师来说,只有投入思考、争辩、质疑、达成共识的案例分析的方法才是科学实用的方法,既解决问题,又升级思维。

每个老师都需要一个工具箱
——如何做学生问题教育诊疗

老师遇到学生问题中的疑难杂症,读不懂学生行为背后的含义,感觉束手无策时,就可以尝试教育诊疗。这样可以避免开错药方,少做无用功。教育诊疗需要首先确定诊疗对象,然后搜集诊疗对象的原始资料,进行教育会诊,在此基础上作出初步诊断,并继续实施反馈,建立诊疗对象的心灵档案。有了教育诊疗的能力,老师们就更善于一把钥匙开一把锁了。

老师在日常工作中会遇到各种各样的学生问题。有的问题看起来很严重,但会随着孩子慢慢长大,逐渐淡化甚至消失;而有些看起来不大的问题,却可能带来严重后果。因此,我们首先要清楚学生问题的类型,然后决定是维持现状还是实施干预。

一、甄别——哪些学生问题需要教育诊疗？

在前面的内容中，我们已经根据严重程度，将学生问题分为时间能够淡化的问题、轻度的问题、中度的问题和重度的问题。现在分别看看不同的学生问题应该如何诊疗。

（一）时间能够淡化的学生问题如何解决？

对待此类学生问题，老师们要意识到每个人在成长的不同阶段都会遇到问题，如青春期的问题、异性交往的问题等，老师要有包容和等待的态度，不羞辱，少催促，同时还要做好家长的工作。老师和家长都要端正态度，不要急功近利，先要建立相互信任的师生关系和亲子关系，关系好了，才能真正让学生受益。

（二）轻度的学生问题如何诊疗？

对待这类学生问题，老师可以通过教育诊疗和常规教育手段相结合的方式来解决。这样，对轻度厌学的学生问题，可以减轻厌学程度；对轻度的学生心理问题，可以减少怪异行为；对轻度的学生品德问题，可以帮助他们有所醒悟，少做坏事。另外，对轻度学优生的问题，可以通过降低目标，达到能力与目标相匹配的状态。

（三）中度的学生问题如何诊疗？

中度的学生问题，仅仅采用常规的教育手段是解决不了问题的，这就需要有针对性的教育诊疗介入了。对学生问题进行教育诊疗，就是对一个学生或一个教育事件进行具体分析并拿出对策。通常靠老师个体力量去诊疗是不够的,建议同年级的老师形成互助小组进行讨论,或者是学校专门成立的导师团队,对中度的学生问题进行教育诊疗。中度的学生问题经过教育诊疗,可以减少破坏作用,个别问题也可能彻底得到解决。对于中度的学生问题,尽量不给处分,而把处分这种手段留给解决重度的学生问题比较好。

（四）重度的学生问题如何诊疗?

重度的学生问题,不仅班主任,就算学校也很难单独处理,需要社会工作者、医院、公安机关介入。没有这种条件的,应该把主要精力放在稳住大局上,不要指望能够转变这类学生,否则白费精力,还会给教师带来挫败感。对重度学生问题,在不得已的情况下应该给予学生纪律处分,或者适当的停课,以免他们扰乱正常教学秩序。通常处理重度的学生问题时,建议最好让学生休学或者去医院治疗,如果家长拒绝,那就维持现状。班主任一定要安排可靠的学生,密切关注相关学生的动向,以免发生意外,发现情况异常就赶紧报告老师,防止出事。如果是学习方面出现重大问题,千万不要逼他们学习,要给他们点事干,以免他们无事生非。

在确定诊疗对象的时候,重点要关注有轻度的问题和中度的问题的学生,而且还要特别谨慎。建议做到以下三点:一是最少要观察、研究一个月,主要看用常规教育方式能不能帮助孩子解决问题;二是确定为诊疗对象后,要鉴定这个学生的问题是轻度,还是中度;三是看这个学生对班集体的破坏程度和问题本身的危险程度,以决定工作的轻重缓急。当我们确定了诊疗对象以后,就要进行原始资料的收集,充分了解这个学生,寻找解决问题的办法。

二、发现——如何搜集原始资料?

做教育诊疗,原始资料的搜集特别重要。在这个环节中,案例中的学生必须是提供案例的教师正在教的学生,能够回答对这个学生情况的追问,有条件对这个学生进行教育。如不是现在的学生,不是本人的学生,也必须是目前能够随时联系到的。

(一) 搜集原始资料需要的材料

(1) 基本情况:学生姓名(化名),性别,年龄,年级。

(2) 家庭情况:父母职业,文化水平,家庭结构,家长之间关系,孩子6岁之前谁带。这里得特别关注带孩子的大人的性格和文化水平以及大人之间的教育理念是否一致。如果不一致,有何冲突。

(3) 成长经历:学生小时候是否有过特殊的创伤经历?如果有,是怎样的经历?这里可以询问学生本人或者家长。

(4) 他人(自我)评价:班主任、各科教师、家长、同学对他的评价以及自我的评价,可以涉及各科学习成绩。这里特别要注意学生在非正式场合的表现。其中,通过学生了解学生尤其重要。学生有学生的视角,他们的观察往往对教师帮助很大。

(5) 典型事例:包括学生典型表现和典型事件。

(6) 心灵档案:这里将采取一些心理测试的方法以便更好地了解学生,如早期记忆、词语联想、画五项图和画全家福等。后面将详细介绍。

(7) 确定问题:一般被确定的诊疗对象,都有很多的问题,教师在做诊疗的时候一定要学会抓重点。那么,就得对学生存在的诸多问题进行梳理,然后确定好一两个急需重点解决的问题。

(二) 搜集资料时的注意点

原始资料的搜集要按照要求一项一项调查清楚,务求从不同的角度反映情况,以减少主观性和片面性。案例的语言要平实简洁,不要抒情和感慨,不要空话套话,不要烦琐描述。在搜集的过程中要注意以下几点。

❶ 了解情况时,心理测验法与行动观察法双管齐下

了解学生情况,常用的心理测验方法有:早期记忆、词语联想、画五项图

和画全家福等。早期记忆的来源是奥地利心理学家、个体心理学的创始人阿德勒的心理学理论;词语联想来源于瑞士著名心理学家、精神分析学家荣格的心理学理论;画全家福和画五项图等绘画心理测试技术手段,源于心理学界的"房树人"绘画分析。这些心理测试手段,经受了长期的检验,其科学性是毋庸置疑的。这些心理测试方法操作起来并不复杂,难的是解读。解读这些心理测验后的材料,不但要学习一些心理学知识,而且要有丰富的生活经验和较强的逻辑推理能力,有时还需要询问学生本人。在后面的内容里,我们将详细介绍。

除了心理测验法外,还可以借助行动观察法。除了观察上课、班级活动等正式场合中的学生表现,还要多观察学生在非正式场合中的行为,通过学生来了解学生。非正式场合中学生的表现会更真实,同龄人的视角也会更清楚。

❷ 横向、纵向全面了解学生情况

研究学生,切忌孤立地看到某个问题就做出一般性结论,那是不可靠、不科学的。比如,有一个学生经常不交作业,教师要解决这个问题,就要横向了解一下,他是否各科都不交作业,若有的科目还能完成,那这两者性质不同。没有横向的了解,容易判断失误。同时,还应该纵向了解一下是否从小就一直不爱交作业。如果一直如此,或只是最近才变成这样,那这两者性质也不同。不但问题程度不同,性质可能都有差别。所以,我们既要从横向多方面了解学生情况,还要从纵向了解学生的成长史,在全面调查的基础上作出准确的判断。

❸ 学生的年龄不同,搜集资料的侧重点也有所不同

中学和小学高年级的学生案例资料收集可以很全面,案例资料中早期记忆尤其重要。小学低中年级的学生案例资料收集的早期记忆可以学生口述,老师记录。资料分析时以词语联想和图画为主。

三、碰撞——教育会诊怎么做？

在收集到学生的原始资料之后，要成立会诊小组对学生的资料进行分析，开展教育会诊，初步得出结论，制定策略和措施，帮助案主解决问题。会诊小组由案主（即提供案例的老师）和有经验的老师组成。教育会诊的整个过程包括会诊前的准备工作、会诊中的讨论工作和会诊后的完善工作。

（一）教育会诊前的准备工作

教育会诊之前，案主把学生的原始资料发给参与会诊的老师，会诊老师先进行独立的分析和判断，提炼并确认学生的主要问题，通过原始资料分析问题出现的原因，验证假设，并制定转化策略。

（二）教育会诊中的讨论工作

讨论从问诊开始。问诊就是"有假设的追问"，它的过程是一个分析研究的过程，不是为了满足好奇心，更不是为了问而问。在会诊者有了自己独立的分析判断后，案主要组织大家讨论，在主要问题、问题产生的原因、转化策略等方面达成共识。

（三）教育会诊后的完善工作

教育会诊结束以后，参与讨论者可能还会有新的想法和补充。比如，当事人还有新的资料需要补充，有的讨论者发现了一个新的线索，发现了一个好的措施等，那就要及时补充新的资料、线索、措施等。

四、对策——如何做初步诊断？

初步诊断是案主整合诊疗小组老师们提出的分析、假设、验证，对学生问题给出诊断结果,并结合自己的思考确定学生问题、问题出现的原因,以及转变策略,然后写出初步诊疗报告。

(一)确定学生问题

❶ 诊断要一致

如果参与会诊的老师对学生问题的意见一致,则可以继续分析问题形成的原因。如果分歧较大,还要重新分析资料,重新提出假设并加以验证。

❷ 表达要简明

会诊者对学生问题进行确定之后,要用简洁的文字表达出来,通常用这样的句式:"这是一个……的学生。"如:这是一个能力不足而对自身要求很高的学生;这是一个陷于人际关系困境又找不到"重要他人"的学生。

(二)确定学生问题背后的原因

❶ 分析方法

学生问题确定之后,就可以分析原始资料中的一些心灵档案、家庭资料、成长资料,进一步确定学生问题背后的原因。一般来说,主要是做以下分析:

(1)分析学生的成长史,了解学生成长过程中有没有创伤,受谁的影响最大,家长的教育理念对孩子的影响等。

(2)分析早期记忆、词语联想、五项图、全家福等心灵档案资料。

分析早期记忆的目的是弄清楚学生的人格特征,弄清楚学生生命的轮廓和框架,知道这个人行为的基本方向和基本模式,了解学生是一个什么样的人。

分析词语联想主要是弄清楚学生的知识背景、精神状态、情绪状态、人际关系、思维方式、思维特点等因素。

在画五项图的测试中,果树可以从一个侧面看出一个人的精神状态以及他的生命力;房子可以看出他对家庭的态度以及心灵的开放程度;书可以看出他对知识的态度以及对学习的态度;从他所画的自己样子,可以看出他的自我定位和自我评价;画另一个人(任选)可以看出谁是他的"重要他人",以及他的人际交往的倾向和风格。几方面综合起来,就可以大致了解他的价值观、思维方式、个性等因素。

在画全家福的测试中,主要了解孩子对家庭的感受,以及和家庭成员尤其是父母的关系,还有家庭成员每一个人的大致特征。

综合以上资料的分析,一般可以推断出初步结论,即得出学生问题背后的原因。

❷ 对不同原因的处理

有时候,不同会诊者因为个人视角、切入角度、分析方式的不同,会得出不一样的原因,而且这个原因背后的解释都有一定的依据。哪个会诊者得出的原因更接近真相?案主可以从两个方面来验证:

一是看会诊者的解释和各个资料的逻辑关系是否严密一致。一般会诊的思路是:看到原始资料中的典型案例和典型行为,头脑中初步浮现出对学生问题的界定,对学生问题的性质有一个预估。再看学生的成长史,继续验证问题假设,进一步锁定问题,并浮现出问题的可能原因;然后继续看心理资料,通过看早期记忆、词语联想、五项图和全家福等,基本就可以把问题产生的原因确定下来了。如果会诊者给出的原因,和早期记忆、词语联想、五项图和全家福这些心理资料反映出来的都一致,也就是说,会诊者给出的解释在这几项资料中均有逻辑上的体现,都能解释资料中呈现的内容,在逻辑上都能说得过去,那么这个解读更接近真相。

二是看会诊者的解释能不能准确地预测一些行为或现象。我们在实际的教育诊疗中也会有这样的情况发生:一些会诊者对同一个现象有不同解释,而且好像都言之有理,这个时候,我们一般会让会诊者预测学生的行为。谁预测更准确,便倾向于谁的解释。例如:

有一次,我们对一个学生进行教育诊疗,学生画五项图的时候没有画出树冠,如下图:

对这幅图,参与会诊的白老师解读了孩子的观察方式及特点,并做出了这样的预测:

他要画树冠,很可能会是画成一片片树叶堆积而成的树冠,而不是像别人一样先勾勒树冠外形,再添加几笔树叶。

他如果要画人山人海,会画成一个个拥挤的脑袋。

这是由其观察方式特点决定的。

白老师做出预测后,当事老师做了尝试,让孩子重新画树冠,结果果然在白老师的预测之中,如下图:

从两幅图对比来看,白老师的预测是准确的。那么,我们可以得出结论:白老师对这个孩子的观察方式特点的解读应该是准确的。

(三) 制定转化措施

诊断出原因并且多数会诊老师达成共识之后,就可以进入到下一个环节,即转化措施的制定。转化措施一般有以下几个要点:

❶ 三管齐下

要根据实际情况给学校、家庭、个人分别制定不同的转化措施,使家校形成合力,让学生个人认可并且积极配合措施的落实。这其中,撬动当事学生个体意愿非常重要。可以说,撬动学生个体的转化意愿,在诊疗效果中至少占据一半甚至更高的比例。

❷ 针对性强

措施的制定和问题的原因在逻辑上要能对应,所有措施的制定,都应该对应上一步诊断出的原因,而不能随意给出措施。在这个步骤中教师切记不能根据个人经验给出常规化措施,而忽视了诊断原因,造成措施和原因没有关联,变成"你诊你的,我疗我的"。这样既浪费了前面诊断原因付出的时间精力,也缺乏针对性,不能起到很好的转化效果。

❸ 可行性强

措施的制定既要考虑措施的难易程度、简繁程度,也要考虑执行措施的人的执行力和相关能力。既要尽量发动可以发动的力量,也要明白主要力量在哪里。

比如,家长确实很忙,没有空余的精力,在制定措施的时候,就不要制定需要家长付出很多时间的措施;有的家长文化水平不高,就不要制定需要家长监督学习的措施;甚至有时候,我们不是提醒家长要干什么,而是要提醒家长不要干什么。

五、反思——教育诊疗中的实施与反馈

任何医生都不能保证自己开的药方绝对准确,他们会根据医疗效果的反馈来调整自己的治疗方案,或者增减药量,或者改动药方,甚至推翻原有的结论,重新诊断。教师处理学生问题也是这样,采取措施以后,要密切注意学生的动态,观察"治疗"效果,以便随时调整自己的思路和措施,不可指望治疗措施是"灵丹妙药",能"手到病除"。

（一）实施干预过程中要注意的问题

❶ 避免标签化

标签化会掩盖真相,将教育诊疗简单化、公式化。在"刺猬与狐狸"理论中,刺猬拿着锤子,见什么都是钉子,以为刺猬身上的刺也是钉子。在教育诊疗中,老师们也容易犯这个错误,也就是对照会诊中分析得出的原因,随意扩大范围,将学生其他的行为标签化,"这孩子自我中心""这孩子思维混乱"。

在教育过程中,结果和原因之间不是严密的对应关系。例如,不做家庭作业不是考试成绩不好的唯一原因,耐挫性差不是哭泣的唯一原因。有的孩子对自己的同胞很刻薄,但对同学很友好,并非都是同理心不足。一个老师如果能看到多种现象背后的共同原因,一个现象背后的不同原因,一定是个有科学精神的老师。

❷ 根据实际情况调整思路

在第125页的案例《学优生的自律问题：不完美的"学霸"》中,航航的表现和数学老师的描述,表明航航对基础知识不够重视。针对这一现象,我们对他提出了"每周做50条基础题"的计划。但是从航航的模考小结看,他清楚地知道问题出在哪里：

"数学上,我在初二下过大力气练基础、磨性子,专门练基础的计算和公

式。我在初二所有的考试中,数学从来没有错过一道我会做的题目。但在初三,我开始着重练思路、练难题……但在放松基础之后,反而容易引起小错误,现在我数学基础甚至不如初二。"

问题并不出在他不重视基础知识上,这只是发展过程中的一个试错过程,并不需要过度焦虑。如果坚持让他做自己不喜欢的题目,反而可能会引起他的不满和排斥。我们及时调整方案,不让他重复做基础题,而是帮助他梳理、总结做难度较大的题目。反馈是对诊疗思路和措施的复盘。

(二)反馈时要注意的问题

❶ 归因正确合理

学生后来出现的变化,与诊疗措施之间究竟是什么关系,我们要弄清楚。是措施有效带来的必然改变,还是别的因素促成了变化?有时候教育效果不如我们的预期,甚至变得更糟糕。我们要有自我质疑的勇气:是诊疗方向错了,还是采取的措施错了;或者诊疗措施没问题,只是执行效果差;抑或又发生了别的事情影响了教育效果。这样的自我质疑与否定,是研究者应该持有的科学态度和精神。只有这么做,才能让教育诊疗成为有推广价值的技术手段。

❷ 案例复盘反思

在实施过程中,老师们要根据情况的变化对案例进行复盘和反思。诊疗措施收到效果了,我们可以反思:这个措施是对该学生一个人有效,还是对某一类学生都有效?案例中的某一个内容与学生的实际表现不一致,是学生故意隐瞒,还是另有原因?如果措施无效,我们更要反思,如:是诊疗过程和措施出了问题,还是案主自己没有按照制定好的措施去做?这样有意识的复盘与反思,可以慢慢内化成我们的思维逻辑和行事方式。

❸ 教育不会一蹴而就

教育与医疗有很大的不同,教育收效要比医疗慢很多,而且影响教育的因素更复杂。所以,当教育没能很快取得成效时,教育者不要轻易判断自己失败了,而要从多个角度仔细研究后再作结论。

六、读懂心灵体检单——怎样建立心灵档案?

学生问题教育诊疗,除了传统的观察、访谈、调查等方法外,还需要通过学生的心灵档案去做更科学的检测和分析。心灵档案包括早期记忆、词语联想、全家福、五项图等资料。

(一)早期记忆

1 早期记忆概述

(1)早期记忆是什么?

早期记忆是一个人能够回想起来的最早的记忆,这个记忆是他自己回忆起来的,不是听别人说的,也不是通过看他小时候的录像而得知的,一定是自己一回忆就能想起来的。能回忆起来的早期记忆越早越好,一般来说,早期记忆最迟不能晚于小学低年级。

(2)早期记忆真的那么神奇吗?

奥地利精神病学家阿尔弗雷德·阿德勒通过研究表明:人类的记忆是最能显露个人心灵秘密的。记忆能够让人回忆起自身的限度和环境,是可以随身携带的一种载体。一个人的生活方式的根源以及最简单的表现形式都会如实反映在记忆中。早期记忆还能反映儿童与父母或家庭成员之间存在什么样的关系。因此,通过早期记忆,可以了解这个人内在的一些特性,有些特性也许连他本人都没有发现,但又是真正属于他的。如果我们能破解早期记忆这一密码,就能对一个人有更加深入、更本质的了解。

(3)研究早期记忆对教师有什么帮助?

首先,它能让教师更加了解学生,更理性地看待学生出现的问题,找到问题产生的原因,从而对症下药,因材施教。例如:

有个孩子在参加"六一"儿童节节目排练时，总是不愿意参加舞蹈排练，孩子们在学舞蹈动作时，他总是象征性地动一下，或者直愣愣地站在那里，任凭老师怎么做工作，他就是不肯动，而且老师越说他越不动。在这种情况下，老师们也许会认为这个孩子脾气倔，不合群，会因此批评他，会被这个"顽劣"的学生气得情绪焦躁。而我们如果分析一下这个孩子的早期记忆，会发现他的早期记忆里有这样一条：我在老家看见一条小花蛇，我的爷爷用火炉剪把花蛇扔了出去。我很好奇，去看了一下那条蛇，它并没有死，还在动。后来，我的奶奶在仓库里看到了一条蛇皮，那条蛇回来了。他的早期记忆里对于这条蛇印象深刻，也许那条蛇游动的样子给他留下了深刻的印象。我们联系他现在的表现，可以猜想，也许他在学那些舞蹈动作时，就想到了那条在地上扭动的蛇，有不好的情绪反应，所以他不愿意参加排练。他有这个点在记忆里，这也许是他自己也没有察觉的，而又在不自觉地影响着他。所以，我们如果了解这一点，对于这个孩子的表现就可以因材施教，让他参与非舞蹈类的节目，这个问题也许就可以化解了。

其次，研究早期记忆能让我们更加了解自己，与自己的心灵对话，适时调整自己的教育教学方式。

老师如果掌握了分析早期记忆的方法，就可以和自己心灵对话，深入了解自己是一个什么样的人，对于自己的工作方式可以作理性的分析，扬长避短，使自己的工作更加积极有效。比如，通过分析早期记忆，某位老师得知自己是一位权威型的老师，那他在工作中就要调整自己的工作方式，适当减压，这样和学生也许能建立更加融洽的关系，而建立良好的师生关系是教育的基础。如果某位老师通过分析自己的早期记忆，发现自己是一个随性、不拘小节的人，那他在工作中就要注意调整自己，关注细节，扎实地做好每件事。也许因为本性的原因，人们无法完全改变自己的做事态度与习惯，但是，只要有意识地去调整，哪怕是一点点的改变，也许就会调整心态，优化工作生活，让心理变得更加健康，工作更有幸福感。

❷ 早期记忆测试的实施

（1）早期记忆测试的准备工作要注意以下几点：

时间：时间宽裕，让学生能充分回忆和表达。

对象：班集体一起进行或者单独一个学生完成。

形式：根据年龄特点，可以学生自己写，也可以学生口述，老师记录。

（2）早期记忆测试指导语有：

不要紧张，写出能回忆起来的最初的记忆，越早越好，最好是一年级之前的。尽量多写几条。

尽量写得具体点，写出人物、背景、画面、声音、氛围，最好是能写出自己的当时的情绪与心态。

早期记忆必须是自己记住的事件，一闭眼睛脑子里就能浮现的画面，而不是听家长说的事情。

提示：如果遇到想不起来的情况，要让他慢慢想，实在写不出来，就先不写，找机会和孩子闲聊，再询问。

❸ 早期记忆追问指导

学生在写早期记忆时，会受到他们的表达方式、写作水平、当时的意愿等因素的影响。写完后，如果想要更加清晰地了解当时的状况，就可以对学生进一步追问，了解更多内容。可以从以下几个方面来追问：

早期记忆里面提到的人物都有谁？如果只提到一个人，要了解这个人与测试者的关系，了解此人的性格、职业、价值观、人生历程。

细节询问：画面的颜色是什么？有声音吗？当事人说话了吗？周围的氛围如何？自己当时是什么感受？情绪如何？

❹ 解读早期记忆的方法

（1）数量解读

早期记忆最好采集一组，3—6条。但有的学生没有早期记忆，有的又太多，每条早期记忆背后隐藏了不同的信息。我们具体分析如下：

采集不到早期记忆的：

可能心里有抵触，不愿意说出来；

可能觉得早期记忆的内容与常识格格不入，羞于说出来。

早期记忆寥寥几字、过于简单：

可能这个学生性格比较直，表达简洁；

可能是性格内向，不善表达；

可能是语言表达能力差，不会表达。

早期记忆偏多，达到10条以上的：

记忆力好；

可能是倾诉欲望强烈的人，喜欢说不喜欢听，寻求听众或者附和者的人；

可能是追求完美的人；

可能是内心力量不足，很在意他人看法的人（这类人与"追求完美者"的不同之处在于，"追求完美者"更在意自己的内心，从自我的标准出发，而在意他人看法者更多的是揣测他人的意思然后再做出自己的行为）；

立体画面记忆者，这类人的记忆属于树状呈现，通过一点回忆到线、再回忆到面，画面络绎不绝。

以下为实操案例：

小行的早期记忆（男，小学六年级）：

幼儿园时被同学咬伤了手指，我感觉很疼，手像被刀划过一样，我哭了，我觉得我的手指被咬断了。

小行的早期记忆解读：

小行是一位六年级的孩子，却只提供了一条早期记忆，由此可见，小行不善表达；在幼儿园被咬伤手指，像被刀划过一样的疼，感觉都快断了，也并没有情绪激动，只是默默流泪，也说明他性格比较内向；小行的任课老师都表示，小行上课不主动发言，说话声音小，比较害羞。

(2) 环境解读

环境解读就是可以通过某人早期记忆中多数事件的发生地点去推测他的性格、爱好、与他人关系、进取心、自我意识等,进而采取相应的教育手段。具体有:

活动多发生在家里的孩子比较恋家,或者对家长比较依赖,或者胆小。独自在自己房间里摆弄东西的孩子可能不太喜欢交往。

活动多发生在学校的孩子对集体比较看重,他们也在意自己在正式群体中的位置。完全没有学校(包括幼儿园)的孩子,长大后可能更在乎自己在非正式群体中的存在感。

户外环境过多的孩子可能比较好动,不喜欢拘束,同时,也不会计较太多,比较乐观。在野外看到风景的孩子可能心胸比较宽广,或者热爱大自然。游乐场所暗示孩子可能比较贪玩。对商店印象深刻的孩子长大后,可能物质欲望会比较强。坟地、死亡场景,可能是缺乏安全感的体现,也可能是思维有深度的表现,会出现性格内向、不合群、偏科等情况。

不愿意离开某个固定场所的孩子,对环境变化的适应能力可能不太好。

集体场所比较多的孩子通常集体观念比较强。

以下为实操案例:

小明的早期记忆(男,小学五年级):

① 有一次作业没带,老师要求交作业,交不出来,老师让打电话给家长,我不知道电话号码。老师从其他人那儿找到号码,打了电话,家长中午来了,批评了我,心里有点不开心。

② 我和一个同学在学校一起玩,把同学弄得不高兴,不想让其他人知道,自己心里也很不开心。

小明的早期记忆解读:

小明的两条早期记忆都是和学校有关的,没有一条是在家里的,说明他不恋家,也可以说家没有给他起码的安全感和幸福感。从这两条早期记忆中可以看出,小明不善与人交往,有些封闭自己。从第一条早期记忆的描述中得知,他不知道家长的电话号码,我们推测:如果他真的不知道,说明他和父母的关系也不是很亲密,家长对孩子起码的教育也不到位,缺乏沟通。两则发生在学校的早期记忆给人的整体印象都是伤感的,不开心的。由此可以推测小明的内心不够阳光。

(3) 人物解读

早期记忆中出现的人物,要注意有谁,没有谁。如果学生的早期记忆中,出现的人物除了自己,只有另外一个人或者是多次出现某一个人,这说明此人在他的心目中属于"重要他人"。我们要尽可能了解"重要他人"的性格、职业、价值观、人生历程,因为这些都可能潜移默化地影响受测者,在受测者心中留下烙印。同样,如果学生的早期记忆里没有谁,特别是没有理应很亲近的人,如父母,教师要多关注这种情况,学生和父母的关系可能不好或冷淡,教师要及时了解情况,预防矛盾发生,或者化解矛盾。

人物解读大致分成这几种情况:

一是都是玩伴,如哥哥、姐姐或者同学,说明孩子的人际交往倾向于同龄人和横向的关系。

二是都是成年人,如父母、叔叔、舅舅、姑姑、老师等长辈,说明学生可能比较重视纵向的人际关系,形成权威型人格的几率会高一些。

三是只有自己,或者即便出现其他人也是陪衬,说明学生可能出现自闭、抑郁等心理问题;也可能是学生的自主性非常强。

以下为实操案例:

丁丁的早期记忆(男,小学五年级):

① 我在老家看见一条小花蛇,我的爷爷用火炉剪把花蛇扔了出去。我很好奇,去看了一下那条蛇,它并没有死,还在动。后来,我的奶奶在仓库里看到了一条蛇皮,那条蛇回来了。

② 我和奶奶去菜市场,她去买菜,我从自行车上摔了下去,我吓呆了。

③ 我爷爷和奶奶还有弟弟去奶奶教书的中学参观,我很好奇。

丁丁的早期记忆解读:

三条早期记忆都和爷爷奶奶有关,可见爷爷奶奶是他比较亲近喜欢的人，在与孩子的交谈中也证实了这一点。三条早期记忆中没有父母，孩子与父母可能关系不好，或者冷淡。而现实情况的确如此，父母对他比较暴力，他说过不喜欢父母。这孩子的好奇心比较强，有探索欲。里面出现的人都是家人，没有其他人，可以看出他与人交往可能会有问题。

(4) 事件解读

在分析一个学生的早期记忆时，要关注早期记忆里发生的事件，看看他在做什么，这一点很重要。可以通过他做的事情来了解这个人的秉性、需求层次等信息。具体是：

事件内容都和家庭有关，可推测孩子比较恋家，交往范围主要在家庭，人际交往方面可能会有问题。

事件以单纯的某件事为主，推测孩子的兴趣点可能偏好在某一方面，要仔细分析这件事的性质多以什么为主，再进行具体判断。比如，事件多为单纯的吃，推测孩子的需求层次可能主要是生理需求。如果是学习做美食或很有兴趣地看别人做美食，可能这个学生爱动手探究。

再看事件以玩为主的情况：如果只是纯粹的玩，且很开心，可以推测这个学生性格外向、需求简单、容易满足；如果在玩时总有事故发生，可以推测这个学生好动，做事可能不计后果，规则意识不强，而且缺乏安全感；如果在玩时有探究元素在里面，可以推测这个学生可能善于思考，喜爱钻研；如果大多数是一个人独自玩，可能会有社会化障碍；如果几乎都有小伙伴在一起玩，可推测这个学生可能有人际交往的需求。

事件内容涉及面广，可将事件归类分析。如果同类型的事出现的较多，那么仔细分析这几件事的特点，也许就能抓住这个学生的主要特性。但是，那些看似和同类事件不一样的事也不能忽视，很可能就是他的另一个特征，也许是潜藏着的，我们在分析时要留意。

以下为实操案例：

小禹的早期记忆（男，小学四年级）：

① 小的时候哥哥带我去放风筝，我不会放，就看着哥哥，风筝放得

很高。

② 小时候爸爸经常打我。

③ 上幼儿园时我在教室跑个不停。

④ 有一次到商店里偷好吃的，被发现了，我就赶紧跑，没有被抓住。

⑤ 小时候在家里跑着玩，不小心将水瓶碰倒，把手烫伤了。

小禹的早期记忆解读：

通过分析这5条早期记忆，我们发现，里面的5件事分别为：放风筝、爸爸打他、在教室跑、偷东西被发现跑、在家跑时碰倒水瓶并烫伤手。这5件事中有3件事都有一个"跑"字，可以看出他是个贪玩好动、不受约束、喜欢自由的孩子，估计还常常会惹出事来。从第①条早期记忆即和哥哥放风筝这件事来看，这件事是5件事里面仅存的比较好的一件事，可以猜测，他和哥哥的关系比较好。

从②③④⑤这四件事来看，家长可能对他疏于管教，且教育不得法，平时没有对孩子进行起码的规则意识、如何做人等正向教育；孩子在家不停地跑，在幼儿园也是不停地跑。孩子出现偷东西的行为，可能是孩子的一些需求家长没有关注或不予关注，而导致发生。后来，我查看了这个孩子的所有心灵档案，从档案中看出，家长对孩子有效陪伴的时间的确比较少。所以，这个学生的家庭教育是缺失的，这会导致他行为习惯上出现一系列问题。

(5) 情绪解读

我们在关注早期记忆中环境、人物、事件时，还要关注被检测者的情绪。因为情绪是一个人不同心境的直接反映。解读情绪，我们就可以了解他当时的想法、心态，推测他的最根本的情感基调。这样，对被检测者就会有一个更加全面的了解。具体是：

多为快乐的情绪，可推测孩子生活环境宽松愉悦，内心阳光，不缺乏爱。

多为悲伤的情绪，可推测孩子可能渴望关爱，缺乏安全感。

多为愤怒的情绪，可推测孩子可能人际关系有问题，心理调适能力弱，也可能是冲动型的人格。

以下为实操案例：

> 小宇的早期记忆（男，初中七年级）：
> ① 在幼儿园把一个同学打出鼻血。
> ② 一个人在家，不知道爸爸妈妈在哪儿，害怕地哭了。
> ③ 一个人独自跑过了马路。
> ④ 妈妈生气了，把闹钟摔坏了。
> ⑤ 爸爸妈妈给我买了一个会发光的陀螺，玩得很开心。
> ⑥ 在幼儿园里调皮，被老师吓唬用剪刀剪耳朵。
>
> 小宇的早期记忆解读：
> 他的早期记忆里的第①②④⑥这4条都是不快乐的情绪记忆，第③条他独自一人跑过马路的心情我们不知道。第⑤条早期记忆的情绪词是"开心"。可以看出这孩子渴望亲情，渴望父母给他的爱。再结合他的其他心灵档案描述来看，这个逻辑是走得通的：他的父母已经离异了，而爸爸对孩子缺乏耐心，犯了错就打骂他。妈妈离婚后也不和他一起生活了，妈妈留给他的印象就是生气后摔闹钟，也是非常暴力的印象。而爸爸妈妈有一次给他买了个会发光的陀螺，他非常开心，这件事也被他记住了，证明他内心渴望爸爸妈妈的爱，渴望亲情。

我们在分析一个人的早期记忆时，要通过环境、人物、事件、情绪综合分析，以达到深入了解的目的。

（二）词语联想

❶ 词语联想概述

（1）词语联想是什么？

词语联想的思路来自瑞士心理学家荣格。荣格的词语联想是专门用来发现"情结"的，他说："因为那个单词击中了我称之为情结的东西，这情结是一种经常隐匿的、以特定的情调或痛苦的情调为特征的心理内容的集合物。

这个单词犹如一枚炮弹，能够穿透厚厚的人格伪装层而打进暗层之中。例如，当你说'购买''钱'这类单词的时候，那些具有金钱情结的人就会被击中。"教育诊疗专家王晓春教授总结说，教育诊疗中的词语联想涉及的面要宽得多。词语联想是一种"心灵体检"的技术，可以从这里了解更多的东西：被检测者的情绪、心理健康状况、人际关系、知识背景、思维方式、思维类型等等。测试时没有那么多规则，只是给定几个词（有时甚至任选几个词），让学生加以联想。我们不是读给学生听，而是让学生自己写。总之，词语联想是一种教育专业技术，是学生心灵档案的一项内容。

（2）分析词语联想有什么作用？

词汇是人进行思考的基本要素。科学研究表明，人的智力与他所掌握的词汇量呈正相关。词汇储备可以反映出一个人的性格、爱好，尤其是智力水平。

词语联想对教师了解学生有哪些作用呢？

一是了解学生精神状态：如果某位学生联想的词语中，情绪性的词汇很多，那就可以推测该学生可能个性就是情绪性的，或者他最近遇到了什么刺激性的事件。

二是了解学生的人际关系：如果在某位学生联想的词语中出现比较多与人际关系有关的词汇，那么可以从中透视学生对人际交往的态度以及人际交往的倾向。

三是了解学生的知识背景：从学生的词语联想中，可以看出来他前期的知识储备情况，以及知识背景是宽还是窄，是深还是浅，是否有层次感。

四是了解学生的思维方式、思维特点：可以通过词语联想看出学生思维的深度，以及思维的逻辑性、概括性、灵活性、流畅性、发散性、独创性等情况。

五是了解学生的智力类型、学科倾向：如果学生联想的词汇有明显的形象性、童话色彩、情感色彩和励志色彩，那么该学生以后可能会走上文学道路。如果学生联想的理科词汇较多，那么该学生很有可能是一个比较冷静、理性的人，思路清晰且以后可能更适合学习理科，成为理科型的人才。因此，我们可以从词语联想看出学生的智力类型和学科倾向。

六是了解学生的需求层次：马斯洛将人的需求分为生理需求、安全需求、归属需求、尊重需求、自我实现。有时候，我们可以从学生的联想词语中看出学生的需求层次重点是哪个层次，从而大概看出他们的人生目标。例如，如果某学生的联想词汇中出现很多与吃有关的词语，那么，该学生的人生需求层次重点也许就是落在生理需求上，他的人生目标更多的也许是物质上的追求。

❷ 词语联想的实施

（1）词语联想如何操作？

给定 5 个"领词"，让学生在每个领词后面再联想 19 个词。一组 20 个词，5 组 100 个词。领词涉及的范围要宽一些，兼顾自然界的、社会的、动态的、静态的，实词、虚词，外部动作、心理状态等。常用的领词可以是：天空、人、网、可是、跑、平静等。对于小学生，领词宜多些，要求联想的词数可以少一些。无论在中学还是小学，教师对领词都可以灵活处理，不一定非用上述这些词。确定领词，只要涉及面宽一点，词汇类型多一点，不脱离学生的实际水平，就可以。

（2）实施过程中的注意点有哪些？

一是联想词的数目可增可减。有的词学生联想不起那么多，可以少写几个；有的词他能联想起很多词，也可以多写几个。教师要告诉学生，"跟着感觉走"最好。如果学生对某个领词不感兴趣，不想写，也可让他自己确定一个领词，然后联想下去。

二是不要将词语联想当成作业来完成。学生很可能因为做语文作业形成了思维定势，把词语联想当作"词语接龙""找同义词、反义词""解词"一类的语文作业来处理，如此就会严重降低检测效果。所以，在进行这项检测之前，一定要对学生说清楚，这不是语文作业，不是判分，不比赛，不公布。对小学生则可以说这是个游戏。

三是注意书写速度。做词语联想时，有的学生走笔如飞，也有的学生写得很慢，似乎在往外挤，或者犹犹豫豫。这可能与智力有关，也可能与心态有关，检测教师对此也要注意观察，要适当做记录。

四是不要怕写错字。有不会写的字,用拼音或者写别字都可以。想到什么,就写什么。如果学生因为怕写错字而只拣有把握的词来写,将会影响检测效果。

❸ 词语联想的解读

(1) 看词汇的类型

拿到一份词语联想材料,首先要关注词语的类型。不同的学生似乎偏爱某种或某几种类型的词语,脑袋里这类词语装得比较多,从中就可以看出一些问题。常见的词语类型有以下几种:

第一类:家庭生活词汇。如:爸爸、妈妈、吃饭、洗脸、睡觉、电扇、空调,等等。词语联想中如果这类词语占的比例较大,这个学生可能比较幼稚,或者恋家,或者视野狭窄,智力较差。

第二类:青少年中的流行词汇。主要指网络游戏语言、卡通语言、流行歌曲歌词,有关歌星、影星、球星的"粉丝"语言,还有热播电视剧的流行语,青春文学、武侠小说中的语言,等等。这类词语如果占四分之一以上,尤其是网络游戏语言过多,往往说明学生知识面窄、厌学,甚至内心空虚。有思想深度的学生,智力水平较高的学生,这类语言即使有也不会多。

第三类:学校生活词汇。如:课程、听讲、作业、老师、同学、课堂活动、课间活动等等。这类词汇较多出现在词语联想中,有可能说明学生喜欢学校生活,也可能说明学生重视学校活动。当然,如果出现的学校生活词汇很多是消极的,那就说明该学生极有可能厌学。如他这样写:作业,累,挨批评,头痛,那显然表明他对学习已有倦意。如果学生的词语联想中很少出现学校生活词汇,有可能是这个学生不喜欢学校,也可能是他视野较宽,在关注更广大的世界,这要看词语类型的总倾向。

第四类:成语。成语出现得多,往往说明学生思维能力和表达能力甚至概括能力比较强。一般情况下,一个成语都没有联想到的学生,往往成绩不太理想。

第五类:"大词"。指的是涉及天下兴亡、民族命运、国家大事、个人生命价值等大问题的词汇。如:人生、战争、和平、命运、理性思维、人类,等等。

词语联想中出现大词,是学生思想有广度、有深度的表现。一般情况下,问题生和低分生的词语联想中大词极少,甚至没有。

第六类:科学概念。它指的是那些非流行的专业术语,往往是理科用语。像"宇宙飞船""血压""内向""外向""抑郁"这样的词汇,虽然属于专业语言,但是已经普及,就不属于"科学概念"了。这里说的"科学概念"指的是学生日常用语中很少出现的专业术语。如,出现"光谱""无机盐""食物链"等词,说明这种学生的思维可能偏向理科,较有逻辑性。我们对这类词汇的出现要加以注意。

第七类:其他基本词汇。是指同龄学生一般都已掌握的常用词,包括天上、地下、自然界、动植物、社会生活、性格心理,等等。看这类词,如果涉及面比较宽,说明学生的知识面也宽;如果相对集中于某类词汇,比如,有大量关乎动植物的词,那说明这个孩子很可能非常喜欢大自然;若关于人的词语特别多,那说明这个学生可能对人比对自然更感兴趣。

(2)看联想的类型

任何联想都有线索可循,人们总是按照自己的习惯思路进行联想,于是,我们从一个人的联想的类型(从哪儿往哪儿联想)也可以看出很多问题。例如,初中生做词语联想时,常见的联想方式是这样的:

第一类:依字关联。是从词中一个字联想到另一个词,如:寂静、安静、静悄悄、静电。

第二类:接龙式关联。是后一个词的首字与前一个词的尾字相同,像修辞中的"顶针"格。如:部长、长线、线球、球技、技术。

第三类:叙述性关联。是把时间上、动作上、行为上前后有承接关系的词语按顺序写下来。如:太阳、热、出汗、毛巾、水、洗澡、舒服、凉快。这种联想像是从一个句子想到另一个句子,把句中主要词汇抽出来接上。

第四类:同类关联。如:星星、月亮、太阳(都是天体);友好、大方、铁面无私(都是人的品质);打篮球、踢足球、打羽毛球(都是球类运动);医生、律师、检察官(都是职业);虽然、但是、不但、而且(都是连词)。

注意,这类联想的词语均大致在同一个平面上,超出这个平面,就不属于类关联了。比如"星星""月亮""太阳"后面加一个"银河系",则"太阳"与

"银河系"的关联就属于空间扩展式的关联了。如果我们发现一个学生的同类联想词严格地在一个平面上，那可能说明他概念比较清楚，反之，若在"星星""月亮"中间无故夹一个"白云"，那就说明他头脑可能不大清晰。

第五类：故事性关联。这类联想源于某个故事或某一类故事。如：银河、牛郎、织女；嫦娥、玉兔；历险、海盗、宝藏、诅咒、古堡、幽灵。如果故事性关联的词语较多，这个学生可能是文学爱好者。

第六类：对比性关联。如：善良、罪恶；平凡、伟大；前方、后方；男人、女人。有些学生喜欢在事物的对比中思考问题，他们对这类词语就比较敏感。

第七类：空间性关联。如：天空、白云、繁星、宇宙（这是扩展式的空间联想）；地球仪、亚洲、中国、北京（这是收缩式的空间联想）；教室、操场、图书馆、办公楼（这是"移步换景"式的空间联想）。若这类联想较多，应该考虑该生可能空间智能较发达。

第八类：结构性关联。有些学生对事物的结构比较敏感，他们的联想会是这样的：人、头、耳朵、鼻子、嘴、手、脚；桌子面、桌子腿、抽屉；火箭、助推器、返回舱。这种联想较多的学生的思维可能逻辑性较强。

第九类：性质性关联。有些学生见到一个事物，就会联想起它的性质：天空、蓝色、宁静（天空是蓝色的和宁静的）；人、高级、善良（人是高级的和善良的）；平静、白色、蓝色、黑色（平静可以表现为这三种颜色）。这类联想多，可能说明该生比较喜欢思考，思维有逻辑性。

第十类：功能性关联。有些学生见到一个事物，就容易想到它的功能。如：图书馆、书、看书；树叶、叶绿体、光合作用；操场、锻炼、健身。这种学生的思维，也可能逻辑性较强。

第十一类：其他各种关联。如：草地、环保、太阳能；火箭、神七、宇航员、火药、化合物、科技；人、摘花、香。面对这些关联，可能一时说不清它们是哪一类，或者种类太多，说也说不尽，但是无论如何，总能明显看出其中的关联，也就是说，后面一个词肯定和前面一个"联得上"。在学生的词语联想中，如果这类联想多，那说明该生的思路比较活跃，可能是聪明的表现。他的联想很自由，有些难以归类，可是你细想又都"事出有因"，这当然是好事情。

第十二类：跳跃性联想。这类联想的主要特点是"联不上"，请看几组例子：可是、电视剧、运拉器、掌握权、心理测验、太假（"可是"与"电视剧"、"掌握权"与"心理测验"连接非常勉强）；法律、卵、珊瑚、生物、麻、铅、下冰雹、猫巴士、林黛玉、尘埃、竹蜻蜓、怜（这一组除了"珊瑚"与"生物"能联上，其他都莫名其妙）；智力、海豚、仁、孔子（前两个词能联上，后两个也能联上，中间断裂）。

这究竟是怎么回事呢？有可能是学生写到某个词，联想不下去了，或者走神了，就再往下新开一个词，自然和前面联不上了；也可能是他的思维方式特殊，我们认为联不上，他却有他能联上的理由；也可能是这个学生思路混乱。遇到这种现象，切莫匆忙下结论，要结合其他各项检测结果和学生的日常表现进行综合分析，以得出令人信服的结论。

以上总结的12种联想类型是很粗略的，事实上绝不止这12种。这里只是提供一个思路，说明可以把联想分成若干类型以方便研究。

(3) 有没有重复出现的词

在词语联想中，重复出现的词很重要，它往往是"关键词"。例如，多次出现"妈妈"，那可能说明该学生是个恋母的学生，或者他正在忍受与母亲分离的痛苦，或者他与母亲的关系出现了问题，或者父母已经离异。例如，多次出现"作业"一词，那可能说明这个学生在作业上遇到了困难，即使表面上完全没有这种迹象。例如，"烦"字出现几次，这个学生很有可能已经比较焦虑。例如，"努力"一词出现多次，未必是好事情。这可能是他遇到了较大的困难，正在给自己加油，也可能是已经招架不住了，此时需要帮助。例如，多次提到"死亡"，那可以考虑他是否有自杀倾向。总之，我们千万不要单纯以为词的重复出现是由于学生词汇贫乏，而要看到这是学生用"内部语言"在表达自己的想法。重复说的一件事，显然是重要的事情。

(4) 注意首词和尾词

学生看到领词后的第一个反应也比较重要。当然，他要跟着领词走，每个人走的方向不同。比如，看到"天空"，有人想到"白云"，有人就想到了"宇航员"，首词就"分道扬镳"了。这其中的缘故就值得关注。

尾词一般没什么特别，联想到最后，写的词数够了，就收尾。但是，如果学生不管开始往哪儿联想,最后都收尾到某个词上,那就值得注意。比如,一份词语联想有三组尾词是"没意思",那说明这个学生很可能是颓废的,情绪不好,需要赶快给予帮助。又比如,有几组词都以"成功"收尾,那可能说明这个学生成功欲很强,或者他已经发现了失败的危险,害怕失去成功。

(5) 注意词的数量

中学生的词语联想,每一组要求学生写 19 个词。但会看到有些学生一发不可收,写了 20 多个还欲罢不能。这可能说明他知识面宽,词汇丰富,也可能说明他精神振奋,干劲十足。

有的学生则是,某一组写得很起劲,数量超出要求,另一组则相反,只能写出几个。这种选择性也能说明问题。例如,有些学生在"可是"这一组写的词汇少,说明他们可能对非形象性的词语缺乏兴趣。也有的学生每组都写得很少,这种学生可能是智力较差,或者检测当天心情不好,或者对检测、对教师有抵触情绪。这些都需要具体分析。

(三) 绘画测试

1 绘画测试概述

(1) 绘画测试是什么?

绘画测试是一种心理投射测验,是人类天然地表达自我的工具,是连接潜意识最直接的方式。绘画测试传递的信息量比语言丰富得多,它可以把无形有形化,把抽象具体化。

(2) 绘画测试主题有哪些?

一是画全家福。家庭是学生生活的一个重要系统,通过画全家福,可以看出学生对家庭的态度,以及家庭成员之间的关系。

二是画五项图。五项图就是让学生把一棵树、一座房子、一本书、自己和另外一个人画在一幅画中。通过画树,看出一个人的某些人格特质、成长历程等;画房子看出他对家庭的看法、感情、态度及沟通模式;画书看出他对知识的态度,对学习的态度;画自己,可以看出他的自我定位和自我评价;画另一个人，看出他的"重要他人"以及人际交往的倾向和风格。综合起来，可以大致了解学生的价值观、思维方式和个性特征。

❷ 绘画测试实施

(1) 准备工作

测试时，要求周围环境比较安静，用 A4 型白纸、2B 铅笔或彩色笔等，不用直尺。

(2) 指导语

画全家福的指导语如："请将纸张横着放，画出家庭中的每一个人。人尽量画完整的人，不画火柴人或漫画人。"

画五项图的指导语如："请将纸张横着放，画一座房子、一棵树、一本书、自己和另外一个人，人尽量画完整的人，不画火柴人或漫画人。"

❸ 绘画测试解读

(1) 解读步骤

从三个层面解读一幅画，简称"整过容"。

一是画面整体：画面大小、画面位置、用笔力度、线条特征、画面颜色。

二是绘画过程：先后顺序、涂擦痕迹、图画时间。

三是画面内容：房、树、人、书、附属物。

(2) 画面整体解读

其一，画面大小。

① 画面非常大(大于画纸的 4/5)：以自我为中心；可能是一种攻击倾向；可能因内心的无力感而表现出外在的防御机制；表现出情绪化和躁动的倾向。

② 画面非常小(小于画纸的 1/9)：表现出对自我评价较低；表现出拘谨、胆怯和害羞的倾向；可能情绪低落；可能缺乏安全感，有退缩倾向。

③ 画面大小合适(占用画纸的 2/3 左右)：自我认知比较好，有一定的自信心；人际交往比较顺畅；环境适应良好，自我控制良好。

其二，画面位置。

① 处于纸的中间：这是最普遍的情况，表示安全感情况。处于纸的正

中央,可能表明没有安全感,在人际关系上比较固执。

② 处于纸的上方:表明高层次的抱负,会努力达到目标;也可能代表一种盲目的乐观;自我与他人保持一定的距离,使人感到难以接近。

③ 处于画纸的下方:比较关注现实;表明没有安全感,或缺乏自信;恋母。

其三,用笔力度。

① 有力的笔触:表示思维敏捷、自信、果断。

② 特别用力:可能代表自信、有能量、有信心;可能代表神经绷紧;可能代表攻击性或脾气暴躁;可能代表器质性病变,如脑炎、癫痫等。

③ 用笔力度轻:可能代表犹豫不决、畏缩、害怕、没有安全感;可能代表不能适应环境;代表低能量水平。

④ 断续、弯曲的笔触:表示犹豫不决;表示依赖和情绪化倾向;代表柔弱与顺从。

其四,线条特征。

① 长线条:表示能较好地控制自己的行为,但有时会压抑自己。

② 短线条:短而断续的线条表示冲动;待人处事缺乏条理性。

③ 圆滑线条:具有依赖性,男性存在对女性的依赖;有关女性化、情绪化;心境平和、不受束缚;健康,适应性比较好;富有同情心;对生活积极向上,富有活力。

其五,画面颜色。

① 暖色调:象征温暖、热情、能量。

② 冷色调:象征冷漠、无能量。

③ 过度使用某一种颜色的信息:红色——激动、愤怒、冲动;暗色——烦躁、忧郁;鲜艳颜色——躁动;很浅的颜色——不愿暴露自己,隐藏自己。

④ 一幅画使用颜色多少的信息:单色或两种颜色,表明淡漠;三色到五色,则正常;超过五色,可能有一种急躁倾向。

(3) 绘画过程解读

① 先后顺序:最先画的部位或事物是学生最关注的方面。

② 涂擦痕迹:可能是犹豫不决、优柔寡断或追求完美的个性;可能对自

己不满;可能有焦虑情绪;可能想要隐藏真实自我。

③ 图画时间:如果用很长时间画一幅简单的画,表明不愿意表现真实自我,考虑太多。

④ 对不满意画稿的处理:把不满意的画稿撕掉,表明追求完美的倾向;在不满意的画稿上继续作画,表明为达到目的,不在意挫折。

(4)绘画内容解读

表1 房屋画解读

屋顶	屋顶为锐角	① 比较关注自我 ② 性格难缠 ③ 表示冲动性,有敌意的行为
	屋顶相对较大	① 可能比较好空想、好幻想 ② 逃避现实生活及人际关系 ③ 压力大,有沉重感,感觉家庭的压抑 ④ 协调能力差 ⑤ 希望被家庭呵护
	没有屋顶	① 可能智力比较低下,缺乏必要的想象力 ② 智力正常的人则是一种畏缩的人格,或者个体有明确的目标,十分重视现实社会
	网状屋顶	① 可能存在一些内疚感 ② 想要控制自己的幻想 ③ 可能是家庭的一种束缚
	格子状屋顶	① 内心有激烈的矛盾冲突 ② 对家庭的某种期待 ③ 规范、守旧

			续表
	仔细描绘屋顶瓦片		① 比较追求细节，讲究完美主义，黏着的性格 ② 固执、刻板、缺乏灵活性
	屋顶涂黑		① 内心有沉重感、负重感 ② 可能焦虑不安，情绪和情感比较压抑 ③ 可能性格比较敏感、情绪易冲动，缺少安全感
墙壁	强调墙的轮廓		① 反应个体过分警惕，努力用意识去维持自我稳定 ② 常出现在精神崩溃的初期 ③ 努力地控制自己的情绪
	墙与墙不连接		① 脑器质障碍，不能控制冲动，分离感 ② 可能是家庭感受性不好
	透明墙		① 出现在儿童画中比较正常 ② 自我和外界的界限不能明确，可能有精神分裂倾向 ③ 情绪的寄托
	垮掉的墙		① 缺乏安全感 ② 象征着脆弱的自我 ③ 家庭情感支持不够 ④ 反应精神崩溃或者分裂自我
	用画纸底边线作基线		① 可能出现不安全感 ② 可能比较依赖，缺乏自主性

续表

	房子无底线		① 不能充分与现实接触,漂浮感 ② 不自信,没有立场,易顺从他人 ③ 思想单纯,缺乏长远眼光 ④ 缺乏安全感
	墙壁上有装饰		① 可能心理比较脆弱、敏感 ② 易被影响 ③ 脾气比较大,好批评和抱怨 ④ 内心不自信
门	大门		① 积极与外界接触,追求被人理解 ② 性格比较开朗 ③ 可能与过分依赖他人有关
	小门		① 可能存在害羞、胆怯的行为 ② 在人际关系中存在退缩,不愿与人沟通和交流 ③ 不希望他人走入自己的内心
	没有门		① 与家庭成员无精神交流,情感冷漠 ② 对外界有防御,拒绝与他人交流
	门上有锁		① 缺乏安全感 ② 防御心理比较强 ③ 有条件地开放
	有窥视孔的门		① 防御心理较强,不轻易相信他人 ② 谨慎小心,多疑 ③ 善于察言观色

续表

	双扇门	① 渴望拥有伴侣或成双成对 ② 可能有怀旧的情绪
	拱形门	① 享乐主义 ② 对性的向往 ③ 对性别不认同 ④ 退行
	侧门	① 想要逃离家庭 ② 思想可能比较独特 ③ 有潜在的压抑
窗户	田字形窗户	最常见的画法,无特殊含义
	圆形或半圆形的窗户	① 象征着女性化气质 ② 性格比较温和
	百叶窗	① 一种保留的态度 ② 百叶窗关上表示退缩或情绪忧郁
	空窗户	① 性格比较直爽,社交中没有任何技巧,不老练 ② 性格可能有些鲁莽

续表

有窗帘的窗户		① 追求一种美感 ② 人际交往比较老练,有保留地和他人交流 ③ 敏感的象征,谨慎、多疑、过度自控 ④ 控制与环境的交流,可能存在一定的焦虑 ⑤ 有掩饰和遮掩的倾向
有很多窗户		① 渴望与他人沟通 ② 渴望与外界接触
完全涂黑的窗户		① 想隐藏自己 ② 可能有被害妄想 ③ 敏感多疑
没有画窗户		① 表示退缩 ② 可能有被害妄想的倾向 ③ 内心不愿意被人了解和看透 ④ 不安全感
烟囱	强调烟囱	① 关注家庭温暖的感觉 ② 关注性方面能力 ③ 追求人际关系和谐的感觉 ④ 关注权利和权威
	"十"字形烟囱	强调宗教方面的影响
	画"X"形的烟囱	① 在自我身体方面的观念上有冲突 ② 在情绪疏通上有纠结

续表

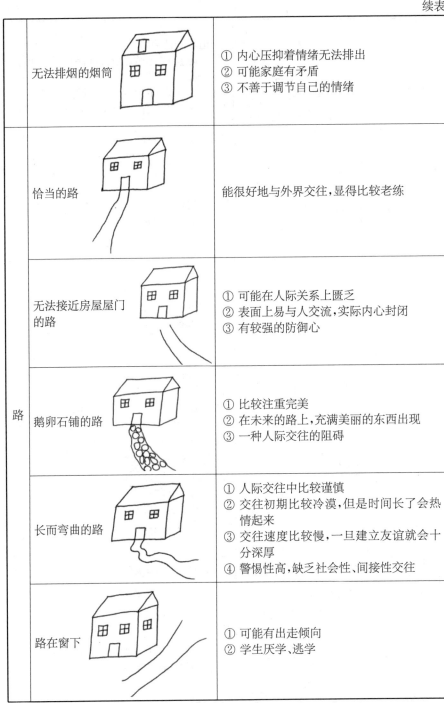

路	无法排烟的烟筒	① 内心压抑着情绪无法排出 ② 可能家庭有矛盾 ③ 不善于调节自己的情绪
	恰当的路	能很好地与外界交往，显得比较老练
	无法接近房屋屋门的路	① 可能在人际关系上匮乏 ② 表面上易与人交流，实际内心封闭 ③ 有较强的防御心
	鹅卵石铺的路	① 比较注重完美 ② 在未来的路上，充满美丽的东西出现 ③ 一种人际交往的阻碍
	长而弯曲的路	① 人际交往中比较谨慎 ② 交往初期比较冷漠，但是时间长了会热情起来 ③ 交往速度比较慢，一旦建立友谊就会十分深厚 ④ 警惕性高，缺乏社会性、间接性交往
	路在窗下	① 可能有出走倾向 ② 学生厌学、逃学

表2 树木画解读

树冠	巨大型树冠		① 有强烈的成就动机 ② 有自豪感,有时自我赞美 ③ 想法很多,有时显得比较自负,缺乏自知之明
	小树冠		① 在学前儿童中常见 ② 学龄儿童如画此形状,可能是发育障碍 ③ 成人画中则是幼稚的表现
	云状或球状树冠		① 性格随和,人际交往比较好 ② 易幻想 ③ 做事喜欢凭直觉
	线条呈环状的树冠		① 外柔内刚,善于交际 ② 性格开朗活泼,朋友比较多 ③ 为人处事灵活机敏,有一定的投机心理
树干	无树干		① 情绪比较低落 ② 生存意念相对少,甚至会有自杀念头 ③ 内向、封闭,与外界的沟通交流少
	粗大的树干		① 充满活力 ② 充满生命力,成长过程中受到关爱、滋养较多 ③ 活动积极,可能有些攻击倾向

续表

	小的树干	① 自我无力的感觉,不适应感 ② 渴望得到关爱和支持 ③ 内心脆弱,缺乏自信
	单线条的树干	① 情绪低落,能量低 ② 自我软弱无力,缺乏自信 ③ 成长过程中缺乏支持和关爱
	花瓶式的树干	① 擅长具体思维 ② 讲求实际,是实干家 ③ 苦干、勤奋、努力
	树干根部呈漏斗状,上部平行	① 有健康、坦率的包容性意识 ② 无意识的经验比较丰富 ③ 注重实践,踏实肯干
	直立与平行树干（电线杆型的树干）	① 在学生中多见,表现为思想单纯 ② 有抽象思考能力,表达问题清楚,客观 ③ 性格固执,不易信任人 ④ 待人处事生硬,通融性差
树皮	详细描绘树皮	① 强迫性地控制自己的行为和想法,可能有强迫型人格倾向 ② 对自我与外界环境的过分关注
	完全涂黑的树皮	① 焦虑不安的情绪 ② 情绪比较低落,抑郁 ③ 可能与外界关系紧张

续表

树根	短促线条描绘的树皮		① 承受外界压力的能力比较强 ② 有一定的不安情绪
	没有画树根		① 对性不关心 ② 存在一种不踏实感 ③ 正常现象
	暴露的树根		① 比较关注过去 ② 心态不成熟，信心不足 ③ 用过去的经验来解决现在的问题 ④ 有对无意识层面的探索
	比较平坦的树根		① 缺乏安全感，并伴随着想要维持自身平衡的巨大努力 ② 可能有严重的创伤经历
	尖形的树根		① 可能存在一定的施虐倾向 ② 对社会比较有野心
树枝	杨柳状下垂的树枝		① 关注过去，怀旧 ② 压抑，对过去某事内疚 ③ 有女性化倾向

续表

树枝	横向生长的树枝		① 愿意滋养、养护他人 ② 愿意主动与人交往
	向上生长的树枝		① 积极向上生长 ② 对生活充满活力和希望 ③ 追求精神生活,情绪可能不稳定
	没有画出树枝		① 一种正常现象 ② 追求简单,快速
	尖尖的树枝		① 可能有敌意 ② 易冲动,有攻击性 ③ 情绪比较紧张 ④ 潜在的强势
树叶	茂密的树叶		① 生命力很旺盛 ② 有活力,能量大 ③ 可能是早熟的表现
	稀少的树叶		① 生命力弱,活力不够 ② 情绪可能较为低落
	没有树叶		① 生命力严重不足,有衰竭感 ② 有生命的失落感和空虚感 ③ 给人悲凉的感觉或明显丧失了信心

续表

	树叶掉落	① 象征着倾向于对养育来源,如父母、家庭等的依恋 ② 依赖性 ③ 收集树叶,表明想从父母或家庭中得到爱和温暖 ④ 烧树叶,表明爱的需求得不到满足,转而变得愤怒
	椭圆形树叶	① 较易与人相处 ② 可能依赖感较强 ③ 不愿意独处
	针叶形树叶	① 性格可能比较尖锐刻薄 ② 可能有较强的攻击性存在
果实	大而多的果实	① 有较多的目标和想法 ② 有信心实现自己的目标 ③ 追求太多,无法很好地分配自己的时间和精力 ④ 没有确定自己真正的、最重要的需求
	大而少的果实	① 目标比较明确,把精力集中在想要实现的目标上 ② 有信心和能力实现自己的目标
	小而多的果实	① 有很多的目标和想法 ② 没有足够信心和能力实现自己的目标 ③ 十分盲目,无法确定自己真正想要的是什么
	小而少的果实	① 对自己的评价不高 ② 不相信自己能做出大的成绩

续表

掉落的果实		① 成长中可能受到一些伤害,被风吹掉或自然成熟或是被虫子咬烂掉落,是受到自己无法控制的外界因素造成的伤害 ② 被人摘掉,是人为因素造成的伤害 ③ 感觉自己被拒绝,灰心丧气 ④ 掉下去的果实,还象征失去意义的业绩 ⑤ 强暴或暴力伤害后也可能会出现
没有果实		① 尚未设立可实现的目标 ② 对自己的评价不高,对自己没有什么要求

表3 人物画解读

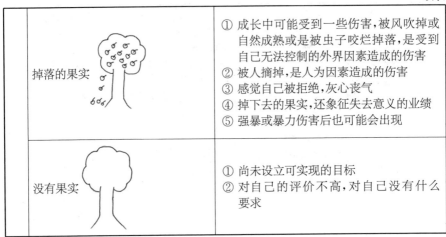

人物整体信息	巨大人物		① 自我膨胀,自认为很强大,自制能力较差 ② 自我评价较高,自信,有一些自我 ③ 可能有攻击倾向,易情绪化 ④ 崇尚权威 ⑤ 一种防御姿态
	较小人物		① 自我评价低,容易自责 ② 缺乏安全感,遇事易退缩 ③ 可能性格比较内向、自卑 ④ 情绪可能比较低落、压抑、沮丧
	正面像		① 自画像:积极主动,愿意让别人了解自己,人际关系较好 ② 画别人:对画中人有正面情感,接受度高
	侧面像		① 希望保持一种神秘感,有防御意识 ② 比较内敛 ③ 左侧:比较留恋过去和对未来的逃避 ④ 右侧:向往未来,比较关注未来的发展,对未来抱有希望

续表

	背面像	① 存在一种防御心理,不愿意别人了解自己 ② 不敢面对真实的自我 ③ 可能想逃避,不愿意面对现实 ④ 画别人:表明对这个人情感上不接受
	倾斜的人	① 可能存在心态不平衡 ② 若人物倾斜过大,可能性格变化无常、心态失衡
	人物画出部分	① 全身自画像:自我意识清楚,自我整合良好 ② 只出现脸部,或只出现肩膀,半身或大半身:自我意识比较模糊,自我整合过程还在进行中
头部	大头或头部占全身比例较大	① 儿童比较正常 ② 自我评价较高,比较自信 ③ 易沉溺于空想和幻想中 ④ 可能有强烈的求知欲望
	小头或头部占全身比例较小	① 自我评价低,自信心不够,比较自卑 ② 儿童画中头部小于身体比例的1/5或者1/7,可能存在性虐待或依赖心理过强问题 ③ 在智力等方面欠缺或有无力感
	头部倾斜的方向	① 头部往左倾斜,比较感性,留恋过去 ② 头部往右倾斜,比较理性,比较关注今后发展

续表

	着重描画脸部轮廓线条		① 代表注重面子 ② 注重别人对自己的看法
毛发	浓密的头发、胡须或胸毛		① 十分仔细描绘头发:做事细致,追求完美 ② 追求男子气概,对性比较关注 ③ 可能有自恋倾向 ④ 过分浓密的头发代表着烦恼
	稀疏的头发或没有头发		① 表明体力不好 ② 如果女性画的人物没有头发,需要追问原因
五官	漏掉五官		① 比较敏感,不自信 ② 对人有戒心,逃避人际关系 ③ 没有很好地适应环境 ④ 自我认知不清
	五官模糊		① 有退缩倾向 ② 表示在人际关系上的畏缩和自我防卫
	过分强调五官		① 人际交往过程中存在无力或匮乏感 ② 可能存在攻击性,想以此弥补无力感 ③ 对人际关系及自我表现过度关心 ④ 可能虚荣心强,情绪不稳定 ⑤ 可能对自我形象过分关心,渴望被关注

续表

眼睛	大大的眼睛	① 通过眼睛获得外界信息 ② 用感性的方式了解世界 ③ 外向 ④ 如果涂有阴影,代表焦虑 ⑤ 可能存在猜忌或者妄想倾向
	小小的眼睛	① 内向 ② 关注自我 ③ 自我反省
	没有画眼珠或闭眼	① 内向 ② 关注自我,对外界不屑一顾
	目光的方向	① 朝左看:搜索过去的记忆 ② 朝右看:展望未来 ③ 斜视:有猜忌和妄想的倾向
眉毛和睫毛	浓密的眉毛	① 比较理性,处理事物不被情感支配,个性比较顽固 ② 比较积极主动,交友广泛 ③ 精力旺盛,控制他人欲望强烈
	没有眉毛	男性像:擅长策略;可能内心比较孤单 女性像:可能精力不足;可能眼部有生理疾病
	画出睫毛	男性像:可能存在性障碍或同性恋倾向 女性像:对美有追求,爱美,需要被关注、被重视,可能有自恋倾向;可能比较情绪化

续表

鼻子	强调鼻子		① 主见性较强,凡是自己说了算 ② 可能有攻击性倾向 ③ 可能有性方面的障碍
	没有画鼻子		① 缺乏主见 ② 与性本能相关的矛盾、冲突 ③ 对男性的否定,可能存在同性恋倾向 ④ 缺乏精力
	尖尖的鼻子		① 易动怒 ② 自尊心强,执着于名誉地位 ③ 虚荣心比较强,有些神经质 ④ 精力可能不足,体质不好
耳朵	大耳朵或仔细描绘耳朵		① 不善倾听,对批评意见比较敏感 ② 比较敏感多疑,对人不信任 ③ 可能有失聪、耳鸣等症状 ④ 可能有偏执型幻听或妄听
	没有耳朵		① 很少倾听别人的意见 ② 可能有耳鸣头晕的症状
嘴巴	强调嘴巴		① 有强烈的表达欲望,想表达但不知如何表达,焦虑不安 ② 追求一种欲望满足,如爱的欲望 ③ 对于儿童具有依赖的欲求 ④ 可能有内在的矛盾冲突 ⑤ 可能具有道德性焦虑
	没有嘴巴		① 可能不愿与人沟通 ② 可能情绪比较低落 ③ 有有话但又说不出口的纠结,是内心压抑的表现

续表

	露出牙齿的嘴巴	① 儿童比较正常 ② 可能比较幼稚 ③ 可能有攻击性或有虐待倾向
强调下巴		① 代表攻击性 ② 代表强烈的冲动 ③ 可能想要弥补自己的软弱感
脖子	短、粗的脖子	① 有冲动的倾向,脾气较大 ② 有比较粗暴、固执的倾向 ③ 可能性格比较强势
	细长的脖子	① 想有所成就,出人头地 ② 依赖性比较强 ③ 行动力不够
肩膀	方正的肩膀	① 可能目前正承受着压力 ② 可能有攻击性,有敌意 ③ 固执,缺乏变通 ④ 女性画宽肩膀或方肩,常表示必须肩负重任,或争强好胜
	小小的肩膀	① 可能有自卑感 ② 无力承受压力,退缩逃避,不敢面对 ③ 压抑
	斜斜的肩膀	① 不愿意承担责任和压力 ② 好享乐

续表

躯体	没有画肩膀	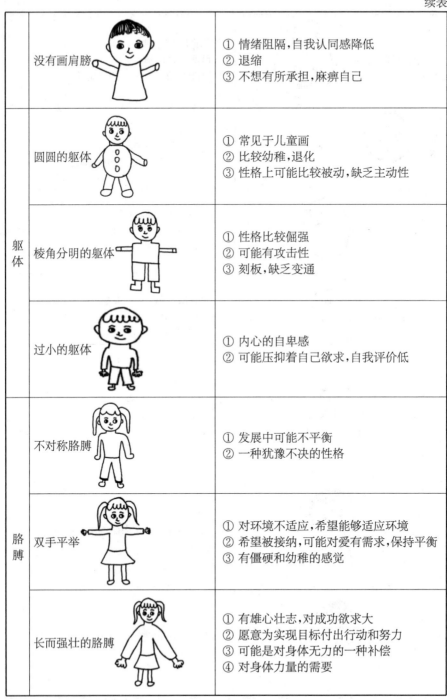	① 情绪阻隔,自我认同感降低 ② 退缩 ③ 不想有所承担,麻痹自己
	圆圆的躯体		① 常见于儿童画 ② 比较幼稚,退化 ③ 性格上可能比较被动,缺乏主动性
	棱角分明的躯体		① 性格比较倔强 ② 可能有攻击性 ③ 刻板,缺乏变通
	过小的躯体		① 内心的自卑感 ② 可能压抑着自己欲求,自我评价低
胳膊	不对称胳膊		① 发展中可能不平衡 ② 一种犹豫不决的性格
	双手平举		① 对环境不适应,希望能够适应环境 ② 希望被接纳,可能对爱有需求,保持平衡 ③ 有僵硬和幼稚的感觉
	长而强壮的胳膊		① 有雄心壮志,对成功欲求大 ② 愿意为实现目标付出行动和努力 ③ 可能是对身体无力的一种补偿 ④ 对身体力量的需要

	短小的胳膊	① 缺乏理想目标 ② 无力感,缺乏行动力 ③ 冲动欲望少
手	非常大的手	表示攻击性
	非常小的手	行动力方面不自信的表现
	没有画手	① 缺乏执行力,不注重细节 ② 在行动力上不是很自信 ③ 可能手有残疾
手指	尖尖的手指	① 儿童比较正常 ② 幼稚,退化 ③ 可能有一定的攻击倾向
	大大的手指	① 代表一种攻击性、侵犯性 ② 希望自己能够更为关注细节
	涂黑的手指	① 一种焦虑的感觉 ② 一种罪恶的感觉

续表

腿和脚	非常长的腿		① 强烈地需要自主 ② 追求自我内心的安定 ③ 可能是一种男性标志
	细小或单线条的腿		① 缺乏安全感 ② 虚弱不安定,是内心无力的表现
	两只腿不一样(一长一短或一粗一细)		① 自我状态不平衡,有不安定感 ② 想逃避现实 ③ 存在矛盾情感 ④ 缺乏稳定感,基础不牢固
	没有画腿		① 安全感不足 ② 缺乏行动力 ③ 拒绝画腰部以下的部位,可能代表性方面的困扰
	没有画脚		① 离家出走者常常省略画脚 ② 不稳定或缺乏准确的定位 ③ 有退缩倾向
服饰和装饰	强调纽扣		① 表明依赖性、幼稚性 ② 如果整齐地画在衣服中间,表示退化 ③ 在衣袖上画纽扣,表明强烈的依赖感
	强调口袋		① 如果画在臀部,表明对性的关注 ② 如果为男性所画,表明其幼稚性、依赖性 ③ 如果青少年画很大的口袋,表明在独立和依赖之间的冲突

续表

强调鞋子	(图)	① 注重鞋子,表明对个人经济的关注 ② 太大的鞋子表示需要安全感 ③ 仔细描画鞋子等细节,强调女性化特征
服装	(图)	① 如果女性穿裙装,表明对性别的认同 ② 如果男性穿着像女性,可能在性别认同方面有问题
配件(皮包、手表、首饰等)		如果用很多笔墨描画这些,表明对自己的外在形象非常看重

表4 书的解读

位置与距离	书与学生距离远,说明知道学习重要,但自己并不喜欢学习。如果距离近或在看书,可能是真正喜欢学习
书的类别	注明"语文""数学"等字样,说明在读课本,知识背景比较窄,对学习是重视的;注明"卡通画""童话书"等,说明对这类书感兴趣,要结合学生年龄特点分析;如画一架子的书,说明阅读面可能比较宽,也可能故作姿态
注意点	具体情况,需要询问学生,不要轻易下结论

表5 附属物解读

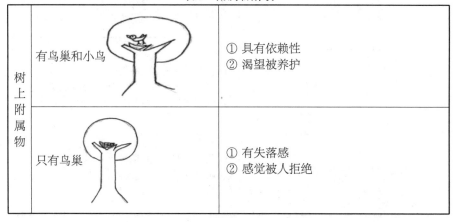

树上附属物	有鸟巢和小鸟		① 具有依赖性 ② 渴望被养护
	只有鸟巢		① 有失落感 ② 感觉被人拒绝

续表

植物和自然风景	树上有房屋	① 有依赖感 ② 在险恶的环境中寻找一个安全的庇护场所
	有动物的树洞	① 渴望有一个温暖的环境,使自己得到很好的照顾 ② 渴望得到关爱 ③ 具有依赖性
	秋千	① 对爱情的向往 ② 对童年生活的追忆 ③ 表示牺牲别人来面对生活某方面的压力 ④ 表明把生命的全部和最重要的方面寄托在某件事或某个方面
	花朵	① 爱和美丽,渴望被关注,也可能表现一种自恋 ② 对家庭关注比较少,内心有不安全感,渴望他人的照顾和支持
	小草	① 一种装饰和美的体现 ② 一种情感的寄托 ③ 顶端尖锐的草,代表一种潜在的攻击性 ④ 整齐的草,表面追求完美
	太阳	① 在儿童画中比较常见 ② 朝向太阳表示需要温暖、寻求温暖 ③ 远离太阳或背着太阳表示拒绝温暖
	星星	① 象征一种剥夺(情感或者身体上的) ② 可能代表一种忧思的情绪 ③ 对未来可能还有一些希望

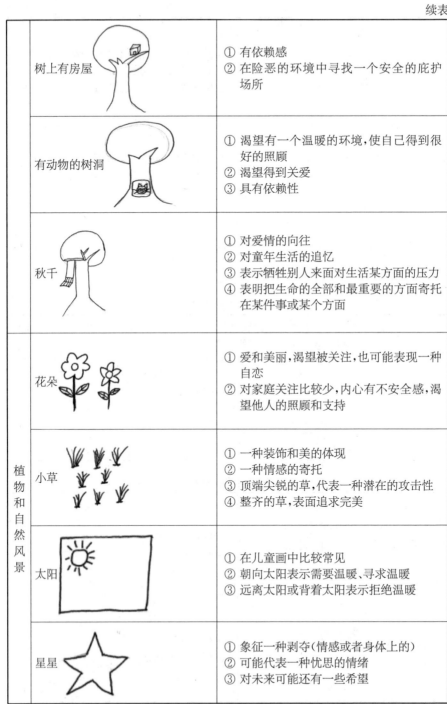

续表

	月亮	① 可能代表着一种母性的、神秘的、受孕的象征 ② 可能代表一种抑郁情绪
	雨	① 情绪低落 ② 可能是一种压力的体现 ③ 可能是一种宣泄的方式
	云朵	① 代表焦虑，尤其是缠绕在头脑中引起焦虑的事件 ② 代表忧郁
	河	① 可能代表一种情绪 ② 可能存在不安感，自我防卫 ③ 也是一种生命力的流动
	连绵不断的山脉	① 可能感觉到很大的阻力 ② 一种目标、抱负的递增与连续性 ③ 一种自我保护的天然屏障
特殊事物	围栏	① 一种自我防卫的体现 ② 可能性格比较多疑 ③ 可能对环境不适应 ④ 安全感不足的表现
	文字标注	① 左右脑的纠结与冲突 ② 不自信的表现 ③ 有时也是一种自我的表现 ④ 渴望被人理解

❹ 案例解读指导

案例一　全家福解读

第一步,寻找绘画特征。

① 大小:画面较大,超过画纸的 2/3。

② 位置:画纸居中,略微偏右。

③ 用笔力度、线条特征:有力的笔触,以圆滑线条为主。

④ 人物的位置:爸爸在右手边,中间是自己,左手边是妈妈,三人手拉着手,妈妈的右手臂略细,与爸爸的距离近一些。

⑤ 全身比例:画出全身正面像,头略微大一点。

⑥ 头部:头发涂黑,一条单线条辫子,弯眉毛,戴着眼镜,眼珠小,尖鼻子,大嘴巴,耳朵偏高。

⑦ 躯体:有点方正,没有画脖子和肩膀。

⑧ 四肢:单线条,左右腿长短不一。

⑨ 衣服:穿带花边的裙子,中间一排纽扣。

⑩ 附属物:有一座连绵的山。

第二步,查找绘画特征对应的投射含义。

① 大小:以自我为中心,可能有攻击倾向,内心有一种无力感,可能情绪化,有躁动倾向。

② 位置:有安全感。

③ 用笔力度、线条特征:思维敏捷、自信;具有依赖性,心境平和、不受

束缚,富有同情心;对生活积极向上,富有活力。

④ 人物的位置:以自我为中心,与爸爸的关系较好。

⑤ 全身比例:自我意识清楚,愿意别人了解自己,人际关系较好,对父母在情感上接受度高。

⑥ 头部:有较多的想法,自我评价高,但行动力差,有一定的烦恼,关注自我,自尊心强,易动怒,虚荣心比较强。

⑦ 躯体:性格比较倔强,可能有攻击倾向,不愿承担责任,情绪阻隔。

⑧ 四肢:在行动上不自信,缺乏执行力,意志力较弱,自我发展不平衡,缺乏稳定感。

⑨ 衣服:关注他人的评价,注重仪表,有依赖性、幼稚性。

⑩ 山:有目标,也有可能是一种阻力。

第三步,对整幅画进行解读(与学生自身情况结合)。

画者是一名六年级的女孩,可以看出家庭关系和谐,得到关爱很多,与爸爸的关系较好。有目标,自尊心强,思维敏捷,能够适应环境,人际交往比较好。以自我为中心,有时性格比较倔强,有想法,但缺乏行动。自我发展不平衡,依赖性较强,在家庭中感到一定的压力,学习上缺乏主动性,需要父母的督促。

案例二 五项图解读

第一步,寻找绘画特征。

① 大小:整个画面较大,超过画纸的 2/3。

② 位置:偏画纸下方。

③ 用笔力度、线条特征:断续、弯曲的笔触,以短线条为主。

④ 画面中各元素的关系:房子在左上方,略倾斜;屋前左侧是一块草坪,门前有一条路,右侧是一棵树;右下方是两个人,手中都拿着书,没有画出脚。

⑤ 房屋:涂黑的屋顶,美化的侧墙,双格窗户,拱形门,门上有钥匙孔,门前有一条路,路与门不连着。

⑥ 树木:云状的树冠,强调左侧线条,粗壮的树干,仔细描绘的树叶,树干底部与树根形成地线。

⑦ 人:画了两个人,先画自己,没有画全,大眼睛,涂着阴影,睫毛,小鼻子,一字型嘴巴,斜肩,长手臂,一粗一细,尖手指,穿着裙子,左手拿书,一粗一细的腿,缺少脚;后画同学,穿着衣服、裤子,也拿着书,采用短线条,有涂抹。

⑧ 书:用长手臂拿着书,询问后是语文书,书有涂抹痕迹。

⑨ 附属物:左下方的草地,画了一些零散的小草,用短线条围成一个分界线。

第二步,查找绘画特征对应投射含义。

① 大小:以自我为中心,可能有攻击倾向,内心有一种无力感,可能情绪化,有躁动倾向。

② 位置:缺乏安全感,不够自信。

③ 用笔力度、线条特征:犹豫不决,有依赖和情绪化倾向,有一定的冲动性,待人处事缺乏条理性。

④ 房屋、树木、人物、书的关系:画者人格健全,在成长过程中得到家庭的较好支持,但对家庭的感受性不好,对于个人的发展和成长较为关注,对学习有无助感,存在焦虑情绪,缺乏行动力。

⑤ 房屋:缺少安全感,焦虑不安,情绪比较压抑,内心不自信,易受别人影响,有一定的防御心理,对家的感受性不好,贪图享乐,人际关系匮乏,朋

友不多。

⑥ 树木：性格随和，做事喜欢凭直觉，充满活力，成长的过程中受到的关爱、滋养较多。缺乏安全感，追求完美。

⑦ 人：自我意识比较模糊，做事细致，追求完美，外向，用感性的方式了解世界，焦虑，渴望被关注，压抑，有时比较固执，缺乏主见，不愿承担责任，好享乐，幼稚，可能有一定的攻击性，缺少行动力。注重他人评价，注重外在形象，爱美。"重要他人"是同学。

⑧ 书：知识面较窄，对学习有无力感，有焦虑的情绪。

⑨ 附属物：有一种情感寄托，渴望被关注，存在防御心理。

第三步，对整幅画进行解读（与学生自身情况结合）。

画者是一名五年级的女生，性格比较随和，做事细致，追求完美，注重外在形象，在成长过程中得到家庭的关爱较多，但内心对家的感受性不好，缺乏安全感，不自信，缺少主见，有较强的防御心理，不愿承担责任。在情绪上，有一定程度的焦虑、烦恼，有时比较压抑。人际交往中表面上易与人交流，但好朋友不多，同学是"重要他人"。在学习上有一种无力感，学习成绩存在一定的问题，缺乏自觉性，常常处于被动状态。对未来缺乏目标，行动力不强，及时行乐，渴望得到关注。

一条路，一扇门
——他们的故事

一、学生个体与自我关系中的问题

（一）时间管理问题：拖延，背后有真相

有些班级中会出现这种现象，对于大多数孩子1小时左右能完成的作业，有些孩子却要用2小时，甚至是三四小时才能完成。这些孩子在课桌前总是左看右看，不到快交作业的时间绝不肯动笔写。不仅如此，有时候这些小调皮鬼总是将注意力集中在小事上，该完成的事一件都没有完成，老师看着孩子这样拖延干着急，但他还是按照他自己的想法做事，不紧不慢。

其实，孩子慢吞吞的动作不一定是因为他懒惰，他们可能得了拖延症。只有深度分析孩子的拖延症类型，对症下药，才能帮助孩子克服拖延症。

原始资料

一、基本情况

晓冉，男，13岁，六年级。

二、家庭情况

6岁以前是妈妈带的，妈妈是小学学历，一直没有上班，在家料理家务，负责晓冉的起居生活和学习。爸爸也是小学学历，有一份送货的工作。家

里还有个哥哥,年龄 28 岁,初中学历,是一名设备安装工。

三、他人(自我)评价

班主任(数学):表现随便,有些表现会让人匪夷所思,比如上楼梯,有时会四肢着地爬上来;有思维能力、学习能力,但一到做作业就故意磨蹭。

语文老师:别人写 10 个词,他才写 2 个,成绩一般,因为他经常来不及做。(不是不会做,是来不及做。)

体育老师:晓冉跑步慢、体能不行;和他说话经常感觉不在同一个频道,答非所问。有一次,我问他喜欢做什么,他没有回答我,却模仿了抓河蚌、抓鱼的动作给我看。

自我评价:我做什么事都慢,"作业慢、跑步慢、吃饭慢",跳绳 1 分钟大概 70—80 个。

四、典型事例

事例 1:作业拖拉,少做,不做;做数学题只写一个综合算式,后面直接写答案,过程都是在脑子里想,不写在卷面或草稿上,这也是他数学作业慢的原因之一。他写字倒笔顺,各科试卷和作业都不能在规定的时间内完成。

事例 2:有次在家写家庭作业时,遇到一道难题,和妈妈讨论后,妈妈教了一种方法,他也思考出一种方法,但是妈妈一定让他用她的思路解答,第二天一早到学校后,他又改成了自己的思路。

事例 3:我在学校给花坛拔草,他站我旁边看着,并不主动过来帮忙。我邀请他帮忙后,他很乐意地答应了。我负责拔草,他负责把垃圾袋撑开。可我已经换地方拔草了,他却还拿着垃圾袋站在原处。我问他在家做家务么?他说不做。

事例 4:在收集材料的时候,我和晓冉做了一个实验:让他写 5 遍自己的名字(3 个字),用时 29 秒 26,再让他写 5 遍另一个同学的名字(3 个字,笔画差不多),用时 32 秒 09。在这期间有个十分有趣的发现——整个写字的过程中,晓冉左手一直放在桌面下面,没有拿上来过。哪怕是纸都要掉了,他都没有用左手去压一下纸。我问他,他回我:"我平时都这样,右手能压住纸,左手可以歇会。"

五、心灵档案

1. 早期记忆

① (幼儿园的时候)和猫打架

② (二年级的时候,在老家的鱼塘边和堂哥一起)钓鱼

③ (五年级的时候,和爸爸还有堂哥)下水摸鱼

④ (五年级的时候,和堂哥)摸河蚌

说明:括号里面的内容是经过我(指案主)询问后,口述的,做资料收集的时候,孩子就只写了括号外面的几个字。

2. 词语联想

人:人山人海。

书:小狼人。

家:和善。

心:开心。

老虎:凶恶。

数学:数字。

军人:威风。

北京:热闹。

分开:悲伤。

游戏:有趣。

3. 五项图

图片说明:左侧是一间房子,房子外面有栅栏,房子的门上还贴着"福"字,房子只画了一半;中间有棵树;左边的人是晓冉本人,右边是晓冉的堂

哥;头顶上是本书。

4. 全家福

图片说明：自左往右分别是爸爸、晓冉本人、妈妈、哥哥。

六、确定问题

改变拖拉的习惯,提高做事的效率。

教 育 会 诊

案主：卜珺老师

诊疗小组成员：白志波老师、李妮老师、刘海仪老师

一、问诊

白志波：这孩子喜欢干什么？干他喜欢的事情时,动作慢吗？

卜珺：除了闲逛、看风景,晓冉没有别的爱好。我觉得他有时候也可以很快,有次我去教室找他出来,一眨眼功夫,他已经跑到我面前了。

李妮：晓冉画的"五项图"中那棵树为什么没有树冠？这种情况我还第一次见到,为什么被拿掉了？书的下面是涂黑么？

卜珺：没有画树冠,是因为他不会画树冠,所以,把树设计成这样。问他,是被砍掉的么？他说不是,是树枯掉的。他说树枝旁边有个小树丫是长出的新芽。书的底部不是涂黑,是用线条画出的,表示书一页一页的翻页,一共画了二十几条。

刘海仪：好几条"早期记忆"都和堂哥有关,"五项图"里也有堂哥,我想了解一下他堂哥的年龄与性格特征。

卜珺：堂哥在徐州老家，放假才能见面，堂哥比他大几个月，他觉得堂哥很会玩，随便有个东西就能玩起来，和他在一起经历的事情都很有趣。

二、诊断

白志波：晓冉是个过于关注细节、注重主观感受、缺乏总体宏观把握能力的孩子。这孩子目前看，未必有多深的潜力，五项图整合性并不好，还有全家福也是一字排开，思维上很可能是直线性的。这个问题虽然小，也不像写字慢那样急迫，但是，可能涉及人生长远的大问题。这个特点成就了他心算的长处，但是，埋下了应对未来复杂知识的不足与缺陷。

李妮：他是"思维型"学生，也就说他是动脑不动手的那种学生。资料上显示他有思维能力、学习能力，解数学题大部分都对，说明他是用脑做事的，但就是不想动手写出来。他的其他肢体活动也很少。他的词语联想，都是对领头词的高度概括，比如，"家"的氛围是"和善"，"老虎"的特点是凶恶，"分开"觉得伤心，这也可能说明他的思维概括能力好。

刘海仪：觉得这个孩子是性格使然。从早期记忆看，简短几个字，图画的那个树冠，估计也是嫌麻烦懒得画。基本赞同李妮老师的看法。

三、对策

白志波：训练晓冉观察和思维的方式和角度，可以引导其先宏观、再细节。但是，也有风险，就是开始先宏观、后细节了，结果，宏观没有成，细节给丢了。所以，把握这一核心操作要点对培养晓冉而言，很重要。

李妮、刘海仪：平时简单的作业，他会了就可以不用写了。也可以让他自己选有些难度的作业来尝试完成。这样他可以少消耗一点精力以便做更重要的事。只要他不拖拉，就积极表扬。

诊 疗 报 告

一、诊疗对象

晓冉，男，13岁，六年级学生。

二、主要问题

不能按时完成作业，做事拖延。

三、初步诊断

这是一个想法简单、片面，缺乏时间观念的孩子，主要表现为：做事动作慢、喜欢拖拉。

四、原因分析

1. 家长大包大揽的不当教养方式所致

晓冉的"早期记忆"多与动作有关，并且没有缓慢、拖延动作的记忆片段。问及感受的时候，觉得"好玩"。这些"早期记忆"揭示了晓冉并非天生不喜欢动手。从现实生活中他不动手的现象看，更加佐证了晓冉的不动手是后天教养方式这一外因作用造成的结果。材料中说很少做家务，他母亲不工作，承担了家里所有家务，几乎没有孩子需要动手做的事情，再结合"事例3"中，与"我"一起"拔草"的经历，说明孩子并非不喜欢做事，而是不会做。长期衣来伸手饭来张口的生活，使孩子变得不知道什么时候，该做出哪些行为。

2. 思维片面，缺乏时间观念，态度消极

（1）缺乏时间管理能力

在晓冉完成"五项图"的时候，其中有个细节：为了呈现书的翻页，不惜花掉大量的时间，一条条地画横线。据语文老师叙述，晓冉完成语文试卷的时候，也是做前面的题目很磨蹭，导致作文部分来不及写完。晓冉对于时间的知觉比较匮乏，甚至对每段时间的长度大概是多少也不太敏感，就导致他对自己的能力，对于时间的运用以及由此产生的后果形成了错误的认知，不可避免地对完成一整件事情的时间分配上缺乏判断能力。最后，造成一整件事情被拖延。

（2）缺乏寻找"正向意义"的能力，态度消极

在数学学科方面，晓冉不写计算过程，他觉得在脑子里思考过程，一样可以算出答案。他觉得没必要反复练习，只要上课听懂了，学会了方法，试卷的题目都会做就行了。对于语文和英语等有些知识点，需要反复练习的学科作业，表现得比较消极，这样就导致他在写汉字时，有很多倒笔顺，基本就是画出来，这也是他写字慢的原因之一。他不喜欢抄写单词，导致英语单词拼写错误很多，成绩上不去。在原始资料中，"联想词"也呈现出这个特

点,每个领词后面,有一个词交差就算完成了,再也不愿意多写一个字。"早期记忆"也是寥寥几个字表达意思,后经过询问,细节也都记得,只是不愿意写下来。

五、转化策略

结合以上分析,我们从家庭、个人和学校等多方面采取相应的策略。

1. 与母亲协助,改变家庭的养育模式(家庭)

(1)给孩子试错成长的机会

教师要告诉家长,完成作业是孩子自己的事情,家长不要替他承担责任,最多做一些提醒的工作,而且尽可能减少。家长要跟孩子说清楚,让孩子自己负责自己的事情。

(2)家长故作拖延或者疲倦状,和孩子"交换位置"

如果孩子不做作业,家长千万不要唠叨,提醒不要超过三次,然后忙自己的事情,该几点吃饭,自己先吃,不用等孩子完成作业后一起吃,不要管他,你越管他毛病越多。另外,也不要总是说孩子"爱磨叽"。这样说多了,孩子就可能认定自己是一个动作慢的人,这种角色认定会更加强化孩子的拖延行为。

2. 提升时间管理的能力(个人)

(1)训练时间的敏感度,练习判断时间感

给孩子一个规定的时间段,让他做不同的事情,衡量一下自己能做多少事情,当他清楚自己有多少时间能利用,就会衡量想做的事情需要花费多少时间。每次比较分析后,就能慢慢学会判断事情的优先级。同时,也可以让孩子预估一下每件事需要多久时间完成。如果他无法如期完成,或超出预估时间,则和他一起反思哪个环节出了问题,以及还有哪里可以作出调整。

多用"精准的时间用词",如"五分钟",少用"马上""稍等"等,透过触目所及的时间显示加以比对、判断和确认。

(2)设定目标、制定待办清单,体验完成后的成就感

首先,让晓冉尝试列出做事的清单,清单内容要具体化、明确化、量化、条列化,避开笼统、抽象的说词,能一条一条地清楚列出要做什么;接着,在脑海里轮播待办事情,并重新调整优先级,让他把做某件事的计划说出来,

越详细越好;最后,制定好计划表,做完一件事情后,在计划表中,用力地把它划掉,为孩子带来成就感和快乐感。

3. 加强监管,帮其寻找正面意义(学校)

(1) 增加"他律"手段

利用游戏建立生活习惯的模式只适合学龄前的孩子,进入学龄的孩子终究得适度运用强制的方式,在孩子无法自己去面对某件事的情况下,由父母、老师给予适度的强制,也可以构成一种驱动力。孩子还处在"他律"阶段,仍需通过成年人的监督、陪伴,慢慢修正行为模式,进而养成习惯。孩子是需要被管、被教的,他要遵从指令,并为自己负责。

(2) 调整看待事情的角度,寻找乐趣所在

有些孩子提不起劲去做某件事,很大原因是因为他认为做这件事情是没有意义、没有价值,甚至是因为他完成不了那件事。我们可以指导他自行找出这件事情对自己的正面解释,以及跟自己有关的一些意义,并将他们列下来,甚至可以明确地说出来。关于事情是否有其价值,其实是很主观的想法。如果眼前这件事情是非做不可、逃避不了的,那么改变自己的想法将是关键。

六、实施与反馈

通过教育诊疗分析,班主任先联系了家长,又联合各科教师,将分析后的教育措施进行了实施。

一是与母亲交流,分配部分家务给晓冉,让其父亲多与晓冉交流。在完成家务时,逐渐培养起晓冉"责任制"的习惯,让他能自己安排所要做的事情的顺序。在家中交流的时候,要提醒晓冉减少说"等一下""还没好""不要催了"等等这些敷衍词语的次数,把时间具体到3分钟、5分钟、15分钟,建议平时多说"好的,马上来"。也要不断提醒自己,不要"自我妥协"。当没有按照要求完成时,一定要有相应的惩罚措施。

一段时间后,其母亲反映,孩子比之前懂事多了,甚至还会主动来帮母亲做事。

二是关于作业速度,使用"家庭作业记录本",并在上面标注完成的顺序以及预计完成所需要的时间。从自己最喜欢的作业开始,完成一项,从记录

本上划掉一项。晓冉之前家庭作业都要到晚上10点才能完成,现在9点前就完成了所有的作业。在完成试卷,特别是语文试卷的时候,自己先把会做的题目一一完成,不在不会的题目上耗费太多的时间,先把能力范围内可以轻松完成的完成,最后,再思考对自己来说有难度的题目。

同时,当晓冉在学校发生拖延行为的时候,各科教师尽量提醒让他自己去注意时间。在一次一次的"时间感"训练中,让他自己体会到,在有限的时间里,自己可以做哪些事、去多远的范围。

通过多次经验的累积,上体育课排队、上课进教室、老师布置一个任务,他再也不是班级最后一个完成的人了。毕业考试中,晓冉以每科都是优秀的成绩升入初中。

三是对于晓冉来说,"好玩"是一个很好的切入点。请他说些好玩的事,家长可以带他去好玩的地方,各科教师可以找出学科中好玩的部分,让他多参与。通过"玩",让他寻找到学习中的乐趣。晓冉明显对学习积极了许多,特别是对数学上的难题很感兴趣,愿意去积极探索。

班主任锦囊

其实帮助孩子戒掉拖延症并不是什么难题,只要教师从孩子的心理出发,理解孩子,找到孩子拖延的真正原因,就可以对症下药。每个孩子的性格各不相同,他们出现拖延的情况肯定也是不同的。有的学生的问题是精力不集中,写作业左看看右看看,有的学生的问题是只挑自己喜欢的事情做,别的事则能拖就拖。根据产生这些行为的心理诱因,把拖延类型分为三类:缺乏时间管理能力产生的拖延、缺乏情绪管理能力产生的拖延、因家长问题而产生的拖延。这可以帮助教师了解孩子到底属于何种类型的拖延,并有针对性的进行改善。

1. 缺乏时间管理能力产生的拖延

我们提供了一些有效的解决方法:首先,要为孩子营造一个培养专注力的环境,消除那些影响视觉和听觉干扰的东西。提醒家长在孩子学习的过程中尽可能营造一个安静的氛围,把不相干的刺激因素排除,当专注力提升,孩子的拖延毛病就会得到相应的改善。其次,要培养他们的时间意识,训练对时间的敏感度,让他明确,在有限的时间里自己可以做哪些事,并清楚地认识到每件事情需要消耗的时间与精力。

2. 缺乏情绪管理能力产生的拖延

开始比完美重要得多,了解他们为什么不敢开始。具体做法有:孩子面对该做的事情却提不起劲头,告诉孩子,有些事情本来就有些挑战,帮助孩子分析和思考,用兴趣来激发活力,拖延情况会大大改善。针对有些孩子的完美主义要求,教师要让孩子清楚,追求完美是无可厚非的,但重点是这个完美状态究竟需要达到怎样的境界,他的时间和实力是不是能与这样的境界吻合,还是这样的标准根本就是他的空想。总是想的太多,习惯性地关注每件事情的细枝末节,也就无法进行实际行动。

3. 因家长问题而产生的拖延

有时候孩子就是在试探大人的底线,有时也因为正处于叛逆期,是他想要长大的表现。告诉孩子,每个人活在世界上,处处与他人相关联,帮助孩子建立互帮互助意识。如果孩子不想做,但这件事又一定要做,孩子无法强迫自己去面对某件事的情况下,通过大人的监督陪伴,慢慢修正行为模式,进而养成习惯。同时,也可以帮助他们戒掉拖延症。

（二）"学霸"的心理问题：期待你的阳光笑脸

面对优秀学生，教师看见的是他们聪明好学，成绩拔尖，做事认真，遵纪守法……但没有看见他们的心理需求，其中，40%—60%的学生不同程度地存在"优秀学生心理综合症"特征：以过分追求完美为个性特征，以关注消极面为认知特征，以过分关注自己的形象和他人的评价为人际特征，以优柔寡断为意志特征，以弥散性紧张、焦虑为情绪特征。

有这样一位"学霸"，因为整天面无表情，只用纸笔跟班主任交流，从而引起班主任的关注。我们运用教育诊疗的方法，走进他的生活世界，走进他的心灵深处，给予精神上的营养，让他拥有属于自己的成长空间，活出真实的自我，绽放出阳光灿烂的笑容。

原 始 资 料

一、基本情况

小刘，男，15岁，九年级学生。

二、家庭情况

1. 成长过程

小刘出生在四川省某地，1岁左右就成了留守儿童，由爷爷、奶奶抚养。爸爸、妈妈背井离乡，来到镇江打工，这一别就是4年。在小刘5岁时，跟随爷爷、奶奶来到镇江，与父母团聚。

2. 与其他家庭成员的关系

这是小刘笔下的家庭成员：

称呼	年龄	职业	评 价
爷爷	69	清洁工	我知道他心肠好,但说出的话不好听!
奶奶	65	无业	我明白她有些怕打击,但人也挺好。
爸爸	39	个体	很难说他好。
妈妈	38	个体	常关心、照顾我,挺好。

在家庭成员中,小刘没有写弟弟。弟弟比他小2岁,一直生活在父母身边,目前也在同一所中学就读,弟弟的班主任给出的评价是:"生活习惯差,不讲个人卫生,做事没有条理,丢三落四,成绩跟小刘有很大差距,完全想不到是同一个家庭走出来的孩子。"

3. 家庭经济状况

家庭经济比较困难,父母打工期间,有了一点资金积累,在郊区承包一片土地,种植平菇,收益不是很好。母亲身体不好,心脏做过手术,一直服药。因家中有两个男孩,平时开支也比较多。

三、特殊的创伤经历

八年级时,小刘在家看了介绍狂犬病的电视节目,不久弟弟被猫抓伤,打了狂犬病疫苗,从此每天洗手很多次,任何人跟他说话,都用点头、摇头回应。后来父亲带他去南京某医院治疗一个星期左右,基本治愈。回校后,他可以跟别人进行简短交流。父亲与校方沟通时,告知诊断为强迫症,因病程短,治疗效果明显,还希望老师多关心。

四、他人评价

班主任(语文):自习课时,他感到教室里吵闹,常常在本子上写几句,跟我沟通。他平时阅读量不多,但看得出来也在努力读书。从家校联系本上的反思来看,觉得阅读量不够,比较焦虑,认为自己不够完美。

物理老师:除了生病的那段时间行为异常,其他时候还是挺好的,上课正常回答问题,善于思考,提出不同见解,学习成绩名列前茅。

家长:在家里学习很自觉,一回到家就写作业,平时不愿意与家人交流。

同学:大家都很崇拜他,称之为"学霸",争着坐在他的周围,在学业上遇到不懂的问题,都会向他请教。他颜值比较高,女生也很崇拜他,他跟女生没有私下交往,平时也不会跟其他同学出门逛街、游玩。

五、典型事例

事例1:七年级开学第一天大扫除时,小刘干得汗流浃背,打扫非常仔细,连其他学生关注不到的角落都扫得很干净。后来竞选班干部,听了他的介绍,才知道他在小学一直是班长。这次竞选,他的票数最高,理所当然做了班长。

事例2:有一次,他肚子疼,疼得满头大汗,同学把他扶到办公室。班主任提出送他去医院,他极力推脱,不愿意去,只好打电话给他母亲,在等待时,让他坐下休息,他不肯,站着等了一刻钟左右,母亲来了,带他去医院。医生检查后,认为没问题。

事例3:一大早,小刘身体表现不适:头疼、胸闷,但不发烧。这时班主任征求他意见:要不要请家长带他到医院看看?他不愿意。上课了,看到他难受的样子,就让他到校园里转转,透透气,他也同意。后来却发现他站在教室前门口,以为有什么需求,又担心他要呕吐,派个同学出去问他,结果他让同学帮他拿学案,蹲在教室门口听课。下课跟他交流,了解到他不愿意去医院,也不愿回家休息,担心落下功课。

事例4:他曾经在作文中写道:"有个男生拍了一下我的肩膀,当时心里很难受,总感到他的手很脏。其实我知道他的手是干净的,因为他刚洗过的手还在滴水,可是我就是觉得别人脏,控制不住自己的这种想法。"那段时间正好考试,虽然他有这样的困扰,但成绩没有受到影响,依然名列前茅。

六、心灵档案

1. 早期记忆

记得小学很多老师都很好,我爱上每一节课,那时觉得很快乐。渐渐地,他们变了,我也变了。模糊的视野里,他们在哪里?哦,是我离开了他们。我要学会独立,要独自走下去,不要任何人陪同,我会努力的!

2. 词语联想

天空:高、很高、很大、地球、害怕、晕。

人:多、出类拔萃、平庸粗俗、为什么有、为什么存在。

网:很多洞、很大、钻出去、出不去。

然而:没有、没有人看见我、我想出去。

平静：安静、稳步出发。

老虎：友好相处、信任。

数学：有趣、努力。

分开：不错、脚下陌路、并非绝路、继续走。

游戏：不想、无趣、为什么要游戏。

理想：尽自己所能考上好的高中,希望在中考时不会有如此多的不足、漏洞。希望现阶段可以不掉队,继续努力。

3. 全家福

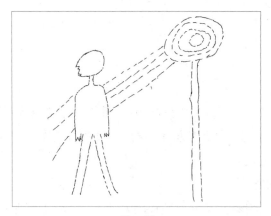

第一幅

图片说明：老师要求画全家福,他画的是侧面的自己,还有一盏闪着光芒的路灯。

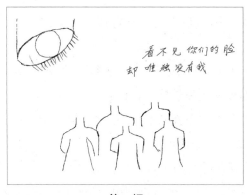

第二幅

图片说明：这是老师布置重新画的全家福,画了五个人：爷爷、奶奶、爸爸、妈妈、弟弟,都没有画头,左上角画了一盏灯,右上角写的是：看不见你们的脸,却唯独没有我。

4. 五项图

图片说明：在画面上,自己在左边,是斜着身子的背影,手里拿着书,整个人似乎被山包围着,山上有几棵小树,画面的右边是一座歪斜的房子,他说没有另外一个人。

七、确定问题

一是通过教育诊疗,帮助他减轻压力,调节情绪,能够拥有灿烂的笑容。

二是帮助他改善人际交往,与老师、同学、家长能够正常交流。

教育会诊

案主：李红梅老师

诊疗小组成员：卜珺老师、赵月红老师

一、问诊

卜珺：小刘和班主任从来没有主动进行语言交流,而是运用书面交流,那他跟其他老师是不是也是这样交流的？

案主：跟其他老师的交流也不是很顺畅,但是,跟英语老师的交流应该还是很好的,可以说是一个例外。

卜珺：他不太正常的行为出现在什么时候？

案主：出现在他八年级,也就是在弟弟被猫咬了之后发生了一系列行为

改变。

赵月红： 第一幅全家福里只有他一个人，第二幅全家福里面没有他，是什么意思？

案主： 他没有完全融入到家庭里，因为他小时候是爷爷奶奶带的，也有可能他觉得家里人跟他不在一个频道，找不到共同的语言。

赵月红： 从词语联想、对家人的评价来看，他的书面语言表达不是很好，词汇也挺贫乏的，那他的口头语言表达能力怎样？

案主： 小刘的书面语言表达能力不是很好，从作文中就能看出来，口头表达能力也不是很强的，但基本交流是没有问题的。

二、诊断

卜珺： 我觉得小刘可能是一个自卑的孩子，由于课外阅读比较少，语文成绩存在问题，与同学之间的交流不是很顺畅，所以干脆少说话。另外，小刘在学习上存在力不从心的情况，产生焦虑情绪。从他的自述中，说"自己不够完美"，从词语联想词中有很多"很高""很大""还不要掉队"等词语，看出他目标高远，怕达不到，产生一定的焦虑；从他的"早期记忆"中，我觉得他在小学阶段学习很轻松，游刃有余，到了初中，随着学业难度增加，感到力不从心。

赵月红： 这是一个有上进心，有钻研精神，表达能力不足，不会求助的孩子。从他的词语联想中，看到他对人生还是有所考虑的。但是阅读量不够，相比较其他学科的成绩，语文薄弱，表达能力弱，不懂得求助，造成不良情绪。

三、对策

卜珺：

一是让他认清现状，给自己做一个正确定位，找到合理的目标。教师、父母需要调整对他的期望值，减轻压力。

二是需要寻找一个"重要他人"，他在词语联想中有个很有趣的地方，老虎很凶猛，但他写的是"友好相处""信任"，包括图画中的灯，他可能需要一个强有力的人，如同灯塔，去引领他。

赵月红：

一是通过记日记的方式来提高自己的认知，可以写给自己，或者写给一个偶像，还可以写给一个值得信任的人，甚至写给一个陌生人，既可以提高他的书面表达能力，也可以作为情感上的寄托。

二是我觉得小刘有自救的能力，可以通过看书补充精神营养。他精神上的营养不丰富，脚下的这块土壤不肥沃，可以指导他看一些心理学的入门书，另外看一些经典的影视剧，帮助他认识自己，补充精神上的营养。

诊 疗 报 告

一、诊疗对象

小刘，男，15岁，九年级学生。

二、主要问题

情绪问题：通过教育诊疗，帮助他减轻压力，调节情绪，能够拥有灿烂的笑容。

人际交往问题：帮助他改善人际交往，与老师、同学、家长能够正常交流。

三、初步诊断

一是目标太高，与能力不匹配，感到力不从心，造成情绪问题。

二是人际交往有障碍，不知道如何与他人进行沟通。

四、原因分析

1. 目标太高，与能力不匹配，感到力不从心，造成情绪问题

小刘目标很明确，理想是考上重点高中，词语联想中的很多词都表达远大的志向，但他觉察到要达到目标存在一定的难度，久而久之，形成一种"自我无能感"。在他眼里，压力是一张网，"很大，钻出去，出不去，没有人看见我，我想出去"；压力也是一座"山"，在五项图中看到整个人被山包围着。他遇到学业瓶颈，产生迷茫，在两幅全家福中都出现了"灯"，盼望着灯光照亮自己，渴望有人走进他的内心，引领他成长。

小刘缺乏自信，个性刻板、固执，追求完美，当达不到预设的目标时，便产生情绪问题，并通过躯体表现出来，如肚子疼得满头大汗……

2. 人际交往存在问题

① 与同学交往，小刘处于被动状态。据观察，每次都是同学找他问问

题,他不主动与同学交流。在他的"早期记忆"中,小刘觉得跟同学没有共同的兴趣爱好,只能孤独前行。

② 与班主任进行纸笔交流。经过了解,小学老师一致认为小刘和同学交流很正常。进入青春期后,小刘没有像其他孩子一样正常步入社会化阶段,而被不良情绪压垮,退缩到与班主任用纸笔交流的地步。

③ 与家庭成员不交流。小刘的内心对家不认可,置身于家庭之外,从两幅全家福中都能感受到。父母早期的缺位,文化层次不高,弟弟各方面表现都不太好,爷爷、奶奶年龄大,小刘觉得跟他们不在一个频道上,无话可说。

五、转化策略

结合老师们的建议和小刘的核心问题,我们从学校、家庭、个人等多方面寻找相应的策略。

1. 针对目标太高的问题解决

① 在班级中开展制定目标的活动。班主任利用活动课,因势利导,教给学生制定目标的方法:把大目标分解,设置一个个小目标。在实现小目标的过程中,体验成功的喜悦,他的自信心会越来越强。

② 安排人生导师,引领小刘自我成长。确立英语老师作为小刘的人生导师,有针对性地推荐一些书,引导他写日记;帮助小刘寻找自我优势,确定努力方向。比如,他的优势学科是理科,找到可提升的空间;语文是薄弱学科,按照老师的要求去做,减少焦虑情绪。

③ 调整家庭、学校的期望值。在家庭中,父亲对小刘的影响比较大,要调整父亲的期望值:一是家访;二是选择教育孩子的相关案例,推送给他,在潜移默化中调整父亲的思维方式和教育方法。建议学校在每次考试之后,弱化学生成绩排名。

2. 针对力不从心的解决策略

① 各科教师为他助力,提升自信。各科教师不再关注小刘的分数,而是关注他的学习过程,引导他研究、分析错题,找到不足,进行有目的训练;教给他运用思维导图学习法,把各门功课的知识点进行串联,做到有序、有效;调整对小刘的评价方式,提升自信心。

② 开展团体心理辅导活动,学会自我减压。邀请学校的心理老师,每周

开展团体辅导活动,如"缓解考试焦虑""学会自我减压""同伴交往"等。在活动中,教给学生相关技巧:放松训练,寻找榜样,换位思考……小刘这样的好学生,能够把这些方法运用到实际生活中。

3. 针对人际交往的问题

① 利用班长身份,安排他做需要主动沟通的事情。例如,沟通与学习相关的沙龙活动;针对体育中考项目,成立互助团队,帮助其他同学训练等。这样可创设他与同学、老师交流的氛围。班主任忽略书面交流,引导他进行言语交流。

② 教给小刘父母可操作的方法,如家长适当示弱,增加亲子活动,尊重孩子,询问在学习中需要哪些支持等,多表达称赞与关爱。随着父母的改变,小刘也会跟着改变。

六、实施与反馈

学校领导对教育诊疗高度重视,根据制定的策略,在班主任的带领下,各科教师协同合作,对小刘实施教育。

一是利用班队课,指导学生制定近期的学业目标,要求做到具体、可操作,同时在不经意间与小刘进行交流,引导他把自己的目标定在年级前十名。

二是英语老师作为小刘的人生导师,经常跟小刘交流,听听他的心声,针对小刘在日记中提出的困惑,进行指导。另外,英语老师送给他一本《苏菲的世界》,小刘看完后,主动找英语老师聊书中的内容。在一次次的交流中,小刘的焦虑得到缓解,自我认知在提升。

三是安排每周一次的团体心理辅导,重点教给学生学会减压、情绪调节的方法、时间管理的技巧等,整个班级氛围得到调整,小刘参与到活动中,分享环节积极主动,常常带给同学们耳目一新的感受。

四是班主任与小刘的父亲进行沟通,晓之以理,动之以情,他父亲意识到家庭教育的问题,调整对小刘的态度,做到温情陪伴,不断鼓励,降低对小刘的期望值。据家长反映,小刘开朗了很多,在家里能够与他们进行交流。

另外,据班主任介绍,作为班长,班上的一些事情都让他去做,效果很好。在课间,他主动找男生讲话,跟班主任也能进行简单的口头交流。

由于各科教师对小刘采取有的放矢的训练,他的成绩依然是年级第一,最后以学校总分第一的成绩考入省重点中学的创新班。

班主任锦囊

优秀学生的心理健康问题不易被觉察,不易被重视,他们背负着沉重的心理包袱,艰难地行进着,或是在孤独的心境中苦苦挣扎。他们常常感到活得很累,生活在内心的矛盾、冲突和焦虑之中,无论怎么努力,也难以达到所期望的高度,容易对现实感到失落和失望。

人处在环境中,环境也能塑造和影响人的行为。运用共生效应,教师要积极探索学优生心理健康的新思路、新模式和新方法。主要做到以下几点。

一是提升自我认知的能力:每个人都是不一样的,"人无完人,金无足赤",学会扬长避短,充分发挥自己的优势和潜能,在生活的海洋里游刃有余,获得更好的发展。

二是家庭系统的调整:家庭中的每个人角色定位清晰,亲子关系和谐,家庭氛围温馨,增强对挫折、失败的心理承受能力,让家成为优秀生的港湾。

三是学校关注全人发展:把知识传授和行为训练、社会实践结合起来,让学生更多地接触社会,了解生活,丰富知识,拓展视野,锻炼意志。

四是开展心理健康教育,引导他们掌握心理调控的方法,建立心理预防机制。

五是学会求助:教育等部门要关注学生的心理建设,开通多条免费心理咨询的热线。

（三）内驱力不足的问题："佛系少年"的教育之路

什么是内驱力？简单说就是一个人做事时的内在驱动力。我们常常听家长抱怨：孩子不自觉，没有主动学习的热情，做作业都要家长在一旁不停地催促，你急他不急。其实，这就是孩子学习缺乏内驱力的一个表现。

佛系，网络流行词，该词的含义指"不争不抢，不求输赢，不苛求、不在乎、不计较，看淡一切，随遇而安"的生活态度。"佛系青少年"大部分事情都想按照自己喜欢的方式和节奏去做。

我们班的小青同学似乎就是这样一个典型的内驱力不足的"佛系少年"，他各种习惯很不好，且难以纠正。面对这样的"佛系少年"，我们该怎么办呢？

原 始 资 料

一、基本情况

小青（化名），男，11岁，四年级学生。

二、家庭情况

小青的父亲是一名电器维修人员，大专学历。母亲是商场仓库管理员，中专学历。家庭关系和谐。

小青6岁之前都是爷爷、奶奶带，他们一家三口在孩子四年级时才和爷爷、奶奶分开住。爷爷、奶奶不善于打理家务，家里物品摆放很乱。他们只是给孩子吃饱穿暖，没有帮助孩子养成良好的生活习惯。

孩子低年级时，爸爸、妈妈没有重视小青好习惯的培养。到了三年级时，各种问题暴露出来了，家长用打的方式进行教育，但收效不大。现在家长对孩子道理谈尽，打骂无效，很着急。

三、他人评价

英语老师：孩子记性不好，学习态度非常马虎，成绩在班级处于末端。

数学老师：他比较懒惰，学习习惯很差，做事没有条理，杂乱无章，成绩处于班级末端。

爸爸、妈妈：这孩子说话就像做梦一样，经常处于不切实际的幻想之中，总觉得自己长大后就会成为大老板，过上幸福的生活。他不肯写作业，一写作业就磨蹭。

同学：他习惯很不好，课桌上总是摆放着各种东西，非常混乱。学习用品常常找不到。但他比较憨厚，遇事几乎不和同学计较。

四、典型事例

事例1：小青的座位四周常有废纸、掉落的物品，桌面上、抽屉里物品摆放都非常混乱，桌子总是不能保持和别人对齐。他的文具、红领巾经常找不到，找不到就愣在那里，也不会主动跟同学借，都是同学主动借给他。每天做操时手脚乱舞，动作完全走样，立正时总是动个不停。做眼保健操时，想怎么揉就怎么揉，值日生发现后提醒他，他也不改正，还笑眯眯地看着同学。

事例2：小青上课经常走神，读书时要么不读，要么就怪腔怪调地大声读；字写得特别大，总是写到格子外面，且不按老师要求的格式来写；他答题时也是随心所欲，比如做语文问答题时，他只写好或者不好，是或者不是。有次做题时突然想到妈妈，就在答题横线上写个"妈"字。有一次做数学练习，所有的答案不是写20，就是写30。

事例3：他特别喜欢画画，课间、自习课他都会画画。经常是全班在写作业时，他也拿张白纸在画画，等老师提醒他赶紧写作业时，他才会把画收起来。他画的几乎都是幻想世界中的机甲怪兽，但是美术课的绘画作业质量很差。

五、心灵档案

1. 早期记忆

① 在上幼儿园时掉了大门牙，放学时我拿着大门牙出幼儿园，别人说我大门牙被偷了。

② 爷爷骑电动三轮车带着我和奶奶，突然翻车了。我没事，奶奶身上全是被碎玻璃扎的血印子，我吓了一跳，想赶紧回家看电视，消除可怕的感觉。

③ 有一次奶奶撕开饼干包装袋,给我吃饼干,我很开心,结果头撞到茶几上,奶奶送我去医院,医生说要缝针,我吓得一下子就跑出医院。医生看我这样不敢给我缝,我就裹着纱布回家了。

④ 有一次门夹到手了,很疼,疼得在地上打滚,爷爷、奶奶带我去医院拍片子,没骨折,于是我们回家了。

2. 词语联想

人:军人、陆军、海军、空军、大王、国王。

书:大书、小书、看书、买书、学习、眼睛。

家:家人、家乡、故乡、家事、国事、天下事。

心:心想事成、冠心病、开心、高兴、快乐。

老虎:白虎、猫科动物、东北虎、虎皮兰、豹子、猫、狗、动物。

数学:学习、知识、才华、诸葛亮、数字、加法、乘法、减法。

军人:陆军、海军、空军、海陆空、飞机、坦克。

北京:北京烤鸭、牛肉、鸡肉、玉米、甜食、绿色食品。

分开:离去、再见、连体娃、娃娃、玩具。

游戏:打游戏、电脑游戏、电视、手机、电脑、电子手表。

3. 五项图

图片说明:图上的"假树""假山"等字样是老师根据学生的解释来写的。

房:房子在图画的最下方。树:就是图上标出来的假树。人:在画面的右上角有个飞碟,飞碟垂下来的燃料箱里有两个人,孩子说其中一个就是他,这个飞碟是以人作为燃料的。书:上面写着一个"天"字,画着两个翅膀在天上飞的就是书。

4. 全家福

图片说明:图下的数字和文字分别为:5 奶奶 6 外婆 1 妈妈 7 我 2 爸爸 3 爷爷 4 外公。这是他画画的顺序。

六、确定问题

提升他的欲望,改变他生活、学习方面的诸多坏习惯,变成一个学习生活有目标、做事有条理、行为习惯较好的孩子。

教育会诊

案主:谢莉老师

诊疗小组成员:王晓春老师、赵月红老师、卜珺老师

一、问诊

赵月红:小青看电视么?主要看哪方面的电视?他有什么兴趣爱好?

案主:他会看电视,主要看动画片,他喜欢画画。

赵月红:他的画有什么主题吗?

案主:他的画主要以幻想为主,常常画一些机甲怪兽,或者他想象出的

各种武器。

赵月红：从他的五项图和全家福来看，他的绘画水平一般。有的孩子画画是一种交流的方式，他是这样么？

案主：不是，只要有空余时间他就埋头画画，不和别人交流。

卜珺：家长教育孩子时有打孩子的现象么？家庭成员中的长辈有生活无序、生活缺乏目标的现象么？

案主：以前爸爸会打，后来发现打也没有用，基本上就不打了。孩子的爷爷、奶奶生活比较无序，家里比较乱。

王晓春：我关注到他的早期记忆多和身体有关，掉门牙、撞脑袋、夹手。我想问，他会有和好朋友打打闹闹、抱别人的动作么？他喜欢您，您有摸摸头这样的动作么？他会往您身上蹭么？别的老师会有这些动作么？

案主：他会和好朋友打打闹闹，的确会抱别人。他表现好的时候，我会拍拍他的肩，对他说几句鼓励的话。别的老师这样的动作不多。

二、诊断

赵月红：我觉得这是一个对生活缺少热情和动力的孩子，但是，他和别人有一个不一样的地方，那就是我们不用担心他会对他人和社会产生危害。

卜珺：我觉得这是一个感知力弱的孩子，因为他爸爸打他，他不在乎；他的课桌面很乱，也不在意；用人肉做飞行器的燃料那么强的刺激，他说起来却是很平常的样子。这些足以证明，他可能是个感知力弱的孩子。而感知力弱会影响他的学习、生活，导致他现在这种"佛系"状况的发生。

王晓春：我也觉得这个孩子感知力弱，什么事情都不能提起他兴趣，缺乏动力。

三、对策

卜珺：第一，给孩子制定一个小目标，从简单的事情做起，让这个孩子能坚持做下去，如果这个孩子成功了，他获得了成功的喜悦，再把这个小目标变成大目标。第二，家里让母亲多参与孩子的教育。第三，家长要培养孩子的好习惯，覆盖掉孩子的坏习惯。

赵月红：我觉得要从激发他的好奇心和生活热情来入手，帮他找到自身的兴趣所在。如果我们能燃起他对生活的热情，激发他的好奇心，从一定程度上可以促进他的社会化进程，让他不要这么佛系。我觉得假期可以让这个孩子看看电视，但不要再看动漫了，通过看各种优秀电视节目来帮助他成长。让家长带他出去走走，接触自然，接触社会，感受丰富的人生体验，促进他的成长，发现他的兴趣所在。

王晓春：帮助小青将幻想和现实分开来，经常问他："你脑袋里现在在想什么？"在他发愣走神时把他从想象中拉出来。还要尽我们的力量，用各种方法去刺激他，提升他的感知力，激发他的欲望。

诊疗报告

一、诊疗对象

小青（化名），男，11岁，四年级学生。

二、主要问题

做任何事情都是随心所欲的，不按规则做，生活、学习上都杂乱无章，行为习惯极度不好。

三、初步诊断

总体来说，这个孩子的心理年龄比较小，感知力比较弱，欲望非常低，对学习和生活几乎没有什么要求。所以，这个孩子的各方面习惯都不好，学习成绩也很不理想。用现在流行的词语来评价，那就是：这是一个"佛系"的孩子。

四、原因分析

小青很佛系、欲望非常低、感知力弱、内驱力不足。造成的主要原因可能有以下几点。

1. 家庭环境的影响

小青四年级前一家人都是和爷爷、奶奶住在一起，小青6岁之前主要由爷爷、奶奶带。爸爸、妈妈白天上班，下班后忙自己的事，基本没有管过小青。爷爷、奶奶本身就不注重生活细节，且只负责孩子的日常生活，有意识的教育几乎没有。他的家庭条件虽然一般，但6个大人对他都比较溺爱，家庭教育的缺失对孩子造成了很大的影响，且养成了孩子诸多的学习、生活上的坏习惯。

3. 小青自身能力弱

从小青的词语联想中可以看出,小青写出的词大多包含领词中的字,且名词较多——书:大书、小书。家:家人、家乡、家事。心:心想事成、冠心病、开心。老虎:白虎、东北虎、虎皮兰等。可以感受到小青思维简单,知识水平不高,阅读量不够丰富,所以他写不好字、记不住单词、协调性差,导致他各方面的行为习惯很不好。

孩子的四条早期记忆都与身体伤害有关,而且他受到伤害后的反应都只是简单的生理反应,且遇到困难就退缩、逃避,或转移注意力。例如,爷爷骑电动三轮车突然翻车了,奶奶身上全是被碎玻璃扎的血印,他没有担心奶奶,而是转移注意力,只是想赶紧回家看电视,消除可怕的感觉。头撞到茶几上,医生说要缝针,他吓得一下子就跑出医院,这也是在逃避,消极对待。也能感受到他不喜欢变化,安于现状的特点。所以,小青不写作业,或乱写一气,就是遇到困难时的消极逃避状态,是不想动脑筋克服困难而安于现状的表现。

4. 现实和幻想界限不清

从小青的梦境和五项图中人肉燃料这一点来看,可以感受到他时常处于不切实际的幻想中。他明知自己要被淹死了,或变成燃料失去生命了,可他却不害怕,明显就是现实和幻想界限不清。就像他在平时的学习生活中一样,做任何事都漫不经心,随随便便,不守规则,而常常说自己长大了就成大老板了,生活就会很幸福,处于幻想之中。做作业时,眼睛看着题,但是头脑中也许不是想着题目,而是天马行空地想象别的事,所以做阅读题时会答非所问,想到什么写什么。

5. 欲望来得晚

也有可能小青就是个晚熟的孩子。也许他的欲望来得晚,说不定等他再大一点,开窍了,思想就不那么幼稚了。

五、转化策略

1. 自身方面

和孩子谈理想,问问他长大了想干什么,然后进行积极地引导,为了自己的理想去努力,让他不要那么"佛系"。

2. 家长方面

① 和家长交流,要营造有序、温馨的家庭氛围。

② 和家长交流,家庭成员做事要有条理,给孩子做榜样,并从每一件小事做起,给孩子讲清要求,检查落实到位。

③ 家长要多带孩子去外面活动,让孩子开阔眼界,激发欲望。

3. 学校方面

① 为小青配备生活小导师和学习小老师,课余多和他交流,让同年龄的孩子影响他,使他的行为符合他的年龄特点。同时,检查督促他保管好各种文具物品,学会整理书包;逐节指导他认真做眼保健操和广播操,让他告别懒散的坏习惯。

② 帮助小青将幻想和现实分开来,经常问他:"你脑袋里现在在想什么?"在他发愣走神时把他从想象中拉出来。

③ 和班级各任课教师沟通,要给小青设立他努力后能达到的小目标,同时讲明要求,检查到位,发现问题及时查找原因。如发现小青有进步,要及时奖励,刺激他的感知力,从而提升他的欲望,让他拥有目标,有奋斗的方向。

六、实施与反馈

根据以上诊疗报告,我对小青这个孩子的家庭教育情况、自身特点有了更加清晰的认识。以前我关注的只是他的外在表现,对内心欲望的激发不够,导致孩子虽有些进步,但不持久。这学期我用以上方法来教育小青,使小青有了一些转变。

(一)具体实施

1. 自身方面

我和小青进行了交谈,得知他长大后想当兵。于是我和他谈了军人需要具备的素质,如勇敢、不怕困难、纪律性强、有文化、善于学习等。鼓励他在平时的生活学习中以军人为榜样,向他们看齐。

当小青平时常规表现或学习有进步时,我会及时表扬,强化鼓励,给他在学习常规评比栏上加分,送他一支笔等小物件,让他感受到进步带来的成就感。

2. 学校方面

我和课任老师沟通后,达成一致意见,要给他讲明要求,并让他重复老师的话,让他的脑海里有清晰的要求,从而规范他的行为。

我每天一早对他各项学习用品进行检查,生活小导师和学习小老师课间随时检查与指导他的各种学习,帮助他养成好的生活习惯。这样从小处着手,逼着他改掉坏习惯。

3. 家长方面

指导小青父母从进家门开始就给孩子立规矩,规范行为:鞋子必须在指定位置放整齐,书包放在房间固定位置,不可随便放在地上。另外,家长要多带孩子去外面活动,让孩子开阔眼界,激发欲望。

(二)情况反馈

生活习惯方面:他的桌面比以前整洁了,丢三落四的习惯有所改观。坐在他周围的学生反映他做事比以前有条理了。家长也反映孩子物品摆放有条理多了。

学习习惯方面:各科老师都反映他学习上有进步。语文书写变化明显,字能写进格子,也写得整齐多了。课堂上,他能积极举手发言,大体意思能说对,但句子还说不完整。写作业时能够跟上大家的速度,有错误能及时订正,进步明显。做操时基本能按照节奏来做,但动作仍不规范,做不到位。

总的来说,孩子在学校的进步大家都有目共睹,但通过和家长的沟通得知,家长说孩子不愿意出门,只愿意待在家里。孩子在家厌学情绪特别严重,不肯做作业。得知这一信息,在接下来的工作中,我要继续研究,思考对策,以期待孩子在家校的共同努力下进步。

> **班主任锦囊**
>
> 通过对小青这个孩子的长期关注,跟踪研究,我感受到了教育诊疗给我的教育教学工作带来的切实帮助。在学生问题个案诊疗的研究过程中,我有以下几点收获。

1. 尊重、理解、包容、接纳学生

我们老师每天有很多繁杂的工作,面对的又是一个个秉性各异的孩子。他们可爱的时候像天使,而调皮或出现问题时他们又会成为我们老师焦躁、抓狂的对象。从小青的这个案例研究来看,当孩子出现问题时,我们如果把这一问题从孩子身上外化出来,就会从解决问题的角度出发,思考孩子出现这些问题的原因,进而分析孩子的成长史、心灵档案等,帮助孩子解决问题。这时,我们的关注点就是如何解决问题,而不是机械地朝孩子发火、生气。对于问题学生,我们要尊重、理解、包容、接纳他们,这样才能真正走进每个学生的心灵,教育起到效果。

2. 实践,反思,再实践,提高处理问题的能力

在理性的教育研究之后,我根据孩子的实际情况,对症下药,找出一些帮助孩子的方法,从而避免了以前处理问题的简单做法,更大程度地帮助学生成长。在后续的教育过程中,如果我之前提出的解决问题的方法没什么效果,那就需要我重新调整,再次想办法。比如,在我的教育下,小青后来在学校的行为习惯、学习状况得到了改善,可在家里的改变却不是太大,这使我有了新的困惑,可这个新的困惑就又成了我研究的新问题,很具有挑战性。就这样,在不断进行地个案诊疗中,渐渐提高了我处理问题的能力。

3. 掌握好教育的度

对于天生佛系的孩子,我们没有办法彻底改变他,也没有必要全盘否定他的生活方式。作为一名教育者,我们可以从孩子身上一些明显的、对未来生活有碍的方面加以引导,使其有一定的进步,能获得更好的成长就行了。

教育是一门艺术,需要我们不断实践,不断总结、反思,它永无止境而又充满乐趣。

(四)情绪的问题:失控的孩子

面对情绪失控的孩子,教育工作者要学会与孩子建立安全稳定的关系,可以从他们的烦躁情绪中找到突破口,发现问题的解决之道;还可以从那些孩子痴迷的某件事中找到切入点,培养孩子控制和接受自己情绪的能力,从而改变其情绪失控的行为。

诗言就是这样一个孩子,情绪不稳定、常常处于失控状态。画画,是她唯一愿意专心去做的事情,也是她与这个世界交流的方式。面对这样的孩子,我们可以通过教育诊疗,寻找适合她的教育方法。

原 始 资 料

一、基本情况

诗言,女,12岁,五年级学生。

二、家庭情况

诗言的父母都没有受过高等教育。她4岁时父母离异,在海南上完幼儿园后随父亲来到爷爷、奶奶的故乡镇江定居。父母离异后,诗言再没见过母亲,奶奶觉得孩子从小缺失母爱,很宠她。

诗言的家庭经济条件一般,父亲与朋友合伙开烧烤店。父亲晚上都在店里,没有时间陪伴孩子,但是经济上对她很宽松,学习、生活用品要什么买什么,每个月再给一两百的零用钱。

三、他人(自我)评价

班主任(英语):诗言喜欢画画,她在所有课上都画。她不背书、不写作业,经常要老师盯着才肯动笔。她在课上小动作多,听课没有效果,独立学习能力差。

语文老师:学习缺乏内驱力,不能专注听讲,不知道老师讲的是什么。她最常做的事就是在书本上画画。作业要么少做,要么不做。挨了批评后就一直哭泣。

爸爸：这孩子好动，除了画画，做什么都定不下心来。她不爱干净，没有条理，房间里、书包里都是一团糟。

同学：诗言特别喜欢画画，上课不认真听讲，常做一些小动作，有时还和各科老师顶撞，为自己做错的事狡辩。课后她常追着同学聊天，打开话闸就停不下来。

自我评价：我喜欢自由自在，作业想写就写，不想写就不写。作业不是不会做，是懒得做。喜欢聊天，看动漫，更喜欢画画。

四、典型事例

事例1：学校开展集体活动，老师拿了全校的钥匙串开体育馆的门，活动结束后钥匙串不见了。老师们非常着急，一个班一个班排查，最后查出诗言拿了钥匙串，她已经把所有钥匙一把把拆开，分别藏在了校园的草丛中。同学责怪她，她哭着跑出教室，老师又忙着满校园找她。

事例2：有一天，语文老师在教室讲课，看见她在画画，提醒她收起来。但是到了写作业时，她又偷偷拿出来，藏在作业本下画。下课后组长让她交作业，她说不会做，转身拿起书和作业本说要去老师办公室做。

事例3：老师反映她近期作业不写，考试成绩不理想。本周数学考39分，语文39分，班级最差。诗言自述心情很不好，无法平静，听别人讲话会烦躁，特别容易哭。

事例4：学校有重要的集体活动，老师担心诗言不能遵守会场纪律，以补作业为由不让她参加。诗言很难过，在老师办公室抹眼泪。我请她说说近期不写作业被老师盯着的感受。她说自己懒，希望有人能盯着她，督促她学习。

五、心灵档案

1. 早期记忆

① 上幼儿园的时候，我在小角落里练习舞蹈。老师看见了，让我学舞蹈，我很开心。可是过了不久，我就转学走了，当时心里很难过。

② 我在海南上了4年幼儿园，回镇江又重上了1年大班。

③ 上幼儿园时我们跳舞，跳着跳着有同学的衣服跳掉了，很好笑。

④ 4岁时尿床，尿到爷爷身上，爷爷一脸懵，我哈哈大笑。

2. 词语联想

天空：云、雾、下雨、太阳、夕阳西下时会变色的云、奇形怪状的云、闪电、飞机、下雪。

人：樱岛麻衣、好朋友、贞德、胡桃、斯卡带、拉普兰德、史尔特尔、年、夕、莫斯提马、温迪、marenol、真理、嵯峨、赛雷娅、伊内丝、红、艾雅法拉、普罗旺斯、锡兰。

可是：争论、说话、吵架、但是、说道理。

跑：上体育课和朋友比赛、打不过别人、跑步、奔跑、被人追、跑来跑去、跑操、做游戏、看到可怕的东西、上学迟到。

宁静：晚上、没人的角落、午休的教室、安静、静寂。

3. 五项图

图片说明：钓鱼的是自己，靠着树的是朋友。

4. 全家福

图片说明：一家三口，诗言在中间，头发上扎着蝴蝶结。

六、确定问题

一是帮助诗言学会管理情绪,控制自己的言行。

二是帮助诗言上课专注听讲,不在课堂上画画,认真完成作业。

教 育 会 疗

案主:邢晓萍老师

诊疗小组成员:白志波、岁月、王晓春、刘海仪老师

一、问诊

白志波:父母对孩子有什么期望?诗言对未来有什么想法?画中房顶的黑色有些吓人,想搞清诗言负面情绪的来源。

案主:诗言父亲希望她在家脾气好一些,不要一挨批评就哭。在学校听老师的话,长大能养活自己。诗言作业不按时完成,老师经常提醒家长监督,她父亲很生气,很失望,经常说一些丧气的话,如这孩子我不管了,今后也指望不上她;我辛苦一点,挣钱给自己养老。诗言说她没有想过未来,不知道未来会做什么。房顶原来准备涂灰色,灰色没油就涂了黑色。

岁月:诗言的智力水平什么样?她在一至四年级成绩如何?在哪个年级成绩出现了变化?

案主:诗言智力水平正常,一二年级能考 90 分以上,获得过两次"进步之星"。三四年级的时候,她上课容易被教室外的声音及事物吸引,常常在课堂上走神,成绩下降,而且经常被老师留下来补作业。五年级开始,上课不听,作业不想写,沉迷画画,语文考试作文空着不写,考试经常不及格。

王晓春:她为什么喜欢画画?为什么不喜欢学习?这个答案可以帮助我们为诗言的问题做个定性。

案主:诗言自述从幼儿园开始跟着动漫学画画。画画的时候很专注,画着画着不开心的情绪就没有了。想要学习的时候心底常常有一个声音冒出来说"快去玩",这个声音打败了想学习的自己。

刘海仪:诗言对母亲有什么期望吗?和父亲关系好不好?

案主:诗言自述 4 岁后没再见过妈妈,妈妈也没有联系过她,对妈妈没有任何的期望。父女关系还不错。

二、诊断

白志波：从五项图和全家福看，两幅图里使用了浓重的黑色，显示诗言内在有较大的负面情绪。画中黑黑的房顶和黑黑的各类人员以及长长的黑色浓发，是她心里沉重压抑、人际关系看法不佳以及情绪烦躁的显示。负面情绪主要来自她的家庭和老师对她学习的负面评价，很可能是导致诗言在枯燥的课堂和学习上专注力不佳的因素。

岁月：从老师、同学评价中看，诗言的举动可能是行为习惯差加厌学问题。各科老师都反映她上课不专注，不写作业。这些不好的行为习惯可能是家长纵容出来的。她的早期记忆显示，她有点置身于外界看别人笑话的感觉，她喜欢轻松、搞笑的场景，不喜欢沉重的责任，这是她的天性。如果没有这一天性，这孩子现在的负面情绪就不仅仅只是导致她烦躁、心情不稳定和容易哭的问题了，而很可能会导致更为严重的问题。也就是说，她的这一天性反而拯救了她。

刘海仪：从早期记忆看，感觉这个孩子的问题属于发展性问题，像是一个心智不成熟的小孩。早期记忆中第一条和第三条都属于小孩子玩笑式的性质。第二条重读一年幼儿园，也属于停留在幼稚阶段的性质。她的行为特征，属于心智发展滞后的外显。这个孩子只要老师悉心教导，等待她心智慢慢成熟起来，就会好。

王晓春：诗言词语联想中很多词来自于游戏《明日方舟》中的人物。初步判断诗言是以任性为核心，叠加思维方式独特和目标缺失问题。白老师的"情绪说"是针对孩子情绪管控失调来说的，着眼于她内外因共同作用的角度；岁月老师的"行为说"是针对孩子作业不写的现状；刘老师的"心智滞后说"指的是，相对其他学生而言，诗言心智成长滞后。这三条思路是对同一事物进行了三个角度的描述，从诗言自述中看出，她意志力薄弱，渴望外力介入，所以老师在她能忍受的范围内适当地对她严格一点，能起到好的效果。从诗言的在校表现以及收集的资料看，我更倾向于她是受困于情绪，情绪的不稳定造成不确定的行为，这些行为与年龄不相符，让人感觉是心智滞后。

三、对策

白志波：我们可以先从家长入手,引导家长与学校老师加强合作共同来帮助孩子。通过沟通交流努力使诗言的父亲改变自己的教育方法,让他多陪伴、多鼓励孩子。为诗言建构有力的家庭支持系统,温馨的家庭环境会潜移默化地影响孩子。

岁月：学科教师一起从课堂入手形成合力。上课多提问,比如请她复述其他同学正确的答案,倒逼她专注听讲。课后对她进行一些针对性的补课,查漏补缺,打牢基础后逐步提高对她的要求。有了外力的介入帮助,诗言上课走神的现象可能会变少,成绩有了进步,情绪也会变得稳定。

王晓春：从兴趣入手,培养自信。诗言接受信息主要是靠活动和视觉(依据是早期记忆和图画中都是大大的眼睛),这为我们解决诗言问题提供了抓手。让诗言用画画记录自己的所思所想,既能提升诗言的语言表达能力,又能达到有效缓解她负面情绪的目的。

诊疗报告

一、诊疗对象

诗言,女,12岁,五年级学生。

二、主要问题

情绪不稳定,上课不专注,作业不能按要求完成,学习成绩不理想。

三、初步诊断

诗言是一个散漫任性,自理能力弱,专注力差,情绪不稳定的孩子。

四、原因分析

1. 性格任性,自理能力弱

① 放养型家庭教育,助长了任性的性格。妈妈4岁离家不知去向,父亲和奶奶惯着,在家,家务都不让诗言做,造成责任心缺失,有兴趣的事,会注意力比较集中,没兴趣的事,她就不喜欢,她就讨厌。

② 心理需求在家庭中得不到回应。从诗言画的全家福看,一家三口,衣服一个色系,妈妈和自己的发型一样,画面温馨和谐,潜意识投射出诗言对妈妈的思恋与渴望。爸爸工作时间与诗言放学时间交叉,做不到陪伴,

奶奶年纪大与诗言也没什么交流,她渴望与父母交流的情感需求得不到满足。

2. 专注力差,情绪不稳定

① 不喜欢被指责。依据早期记忆,诗言是个喜欢在愉快、轻松和不被指责的心理安全环境中、有些任性的孩子。凡是让她感到不愉快、不轻松、受指责的心理不太安全的环境与事物,包括人,就会破坏她宁静的心境,导致她抵御和排除这些负面因素失败时引起情绪烦躁,从而影响诗言专注力的持续性。

② 懒,不愿付出努力,意志薄弱。从教师评价、同学评价及自己评价中,出现频率比较高的一个字——"懒"。她想在学习上赶上大多数同学,可行为上无法做到专注和坚持,情绪容易烦躁。课上通过喜欢的画画缓解焦虑,影响听课效率被老师批评,如此恶性循环,成绩越来越差。诗言知道这样不好,但意志力薄弱无法控制。

3. 作业不能按要求完成,学习成绩不理想

① 学习力不从心,负面情绪淤积。放养型家庭教育出来的孩子,进入学校要遵守课堂常规,心理上呈现的就是不愉快、不轻松、不安全。外围的压力影响她宁静的心境,导致烦躁负面情绪淤积,从而影响她上课学习和做作业的专注力不能持续。

② 外力管理,产生依赖。英语老师是班主任,天天把诗言带在身边盯着她抄单词默写,所以英语能考 70 分左右。语文、数学老师盯的时间相对少,成绩就差些。每天被老师带到办公室补作业,为了应付老师,能按要求完成,在老师办公室完成的作业正确率高。

五、转化策略

我们结合老师们的建议和诗言的性格特点,从肯定诗言乐观开朗、画画好的优点切入,找到相应的策略。

1. 针对性格任性,自理能力弱的问题

① 适当分担家务劳动。与孩子的奶奶和爸爸交流,告诉他们孩子不愿意写作业和上课听课专注力不好,与家务劳动承担过少有关。因为家务劳动可以提高人做事的时间节奏感、任务完成的责任心。在家让诗言做一

些力所能及的事,可增强自理能力,培养责任心。责任心强了,专注力会提高。

② 加强亲子互动。提醒爸爸及奶奶对诗言要多点倾听性交流。接纳孩子的不足,以鼓励为主,帮她找出学习中的问题,指导她学会解决问题的方法。不要在诗言面前表达负面情绪,说一些对她失望、自己赚钱养老的话。多陪伴孩子,多抽空带着诗言参与社会实践,拓宽知识面。

2. 针对专注力差,情绪不稳定的问题

① 交流谈心,鼓励自理。明确五年级的学生不能总依赖奶奶和爸爸,应该具备生活自理能力,承担起这个年龄阶段该有的责任,自己的事自己干,房间自己整理,学习任务自己完成。在家可以通过写日记、阅读、画画、运动调节情绪。

② 提出要求,教给方法。和诗言约定,上课要尽力控制自己,减少画画的行为,不能控制自己时,要接受教师善意的提醒(如上课违规画画)并及时改正。

在学校遇到了情绪狂躁不能平静之时,可以告诉班主任老师,课间、午休等时间可以去老师办公室画画,通过与心理老师聊天来缓解难以平静的情绪。

3. 针对作业不能按要求完成,学习成绩不理想的问题

① 降低要求,鼓励为主。对诗言提出低起点、缓坡度、小步子提升的要求。这是解决孩子情绪焦躁的一个主要办法。课堂上,对诗言采取宽松一些的纪律要求。这是破除孩子情绪焦躁的一个外部手术性办法,这是诗言特殊心理需求决定的。

② 缓解压力,调节情绪。确定一位重要他人定期与诗言聊天,缓解压力。这种聊天,也可以通过观察与诗言关系比较好的同学有哪几个,然后安排他们课下多交流、多一起活动。

六、实施与反馈

通过教育诊疗,我们在教育诗言时有了明确的方向,根据制定的策略,各科教师协同合作,进行实施。

其一,从学校层面对诗言父亲提出要求,让诗言在家做一些力所能及的事,培养自理能力。学习上多鼓励,督促诗言完成每天的作业。帮助她制定短期目标和未来规划,启发她思考,将来想做什么工作。当她有目标的时候,控制自己意志的能力就会增强。

父亲的教育方式有所改变,泄气的话不说了,但由于父亲的工作性质,陪伴做得还不够。

其二,班主任调整了诗言的座位,方便学科教师随时提醒督促。遇到诗言家庭作业不做的情况,老师不当众批评,个别交流,单独帮助,慢慢培养她独立完成作业的能力。学科老师在新知识教授完、布置课堂作业时,让诗言在面前一条一条做,不懂及时讲解,家庭作业在学校完成后再回家。美术课上老师创设"夸夸我自己"的情境,依次请学生展示自己的优点,也请诗言展示自己的画,说说绘画带来的收获。有些画黑板报的任务也请诗言帮忙,培养她的自信心,激发学习的内驱力。

通过正强化,诗言的专注力得到提高,学习信心增强。据美术老师介绍,诗言画画水平在班级名列前茅,现在美术课上乐于分享,愿意帮助同学,越来越自信。

其三,案主作为诗言的"重要他人",常与诗言交流,倾听她的想法。在办公室准备好彩笔和画纸,不定期邀请诗言来画画。课后请她解读画里的故事,说说近期的表现,用脱敏疗法针对性地矫正她一些失控的行为,帮助她缓解烦躁情绪。

诗言自述,每次被老师找着聊天不嫌烦,聊天的时候能放松心情。近段时间,上课走神减少,老师的讲课基本能听懂,晚上不熬夜,准时睡觉,成绩有进步。

经过一学期的实施,在保持的环境中诗言的优点得到充分认可,找人倾诉的想法得到实现。诗言上课做小动作的现象有改善,情绪渐趋稳定。期末考试中语、数、英成绩有了质的飞越,三门分数均超过班级平均分。

教育诊疗,将老师的注意力从下意识的管理转移到有意识的研究,关注了学生的全面发展,提升了教师的综合能力,有利于新型师生关系的发展,师生都是教育诊疗中的受益者。

班主任锦囊

教育是儿童"心理成长"的基本支柱。每个孩子有自己的特点,如何因材施教找到孩子的优势智能从而能激发出内在学习动机,是老师所要思考的。

1. **亲子互动的重要性**

孩子在健康的亲子关系中寻找方向,他们需要成年人的帮助,掌握更多的生活技能,提高自我服务的积极性。12岁左右的孩子属于"正在凝固的水泥期",需要重点培养孩子的决策力以及处理情绪解决冲突的能力。

2. **遵循孩子身心发展规律**

从孩子的角度理解问题,正向评价,才能真正看见问题,否则看到的只是问题的表象,不能解决实质性的问题。

3. **开展心理健康教育**

通过团体心理辅导、个案指导等,让孩子正视自己的情绪,学会调节心情、管理情绪的方法。

4. **借助他人的力量**

自我无法管理情绪、心理压力大的时候要向外求助,借助学校、社会、同伴的力量解决问题。

二、学生个体与他人关系中的问题

（一）异性交往问题：为"爱"痴狂

歌德说："青年男子谁个不善钟情？妙龄少女谁个不善怀春？"中学阶段是异性交往的敏感时期。性生理与性心理的不断成熟将风华正茂的少男少女推向了两性交往的崭新生活领域。这段时期的两性交往比童年时的异性游戏来得复杂，比成年时期的婚恋生活来得微妙，比任何年龄的同性和异性交往都难以驾驭。

中学时代，如何建立正常、自然的异性同学关系是一个极为敏感的问题。案例中的女孩就是因为交往处理不当，妨碍了学习进步和身心健康，带来一些情绪、行为上的困扰。

原 始 资 料

一、基本情况

小雨，女，15岁，九年级学生。学习基础薄弱，相貌一般。

二、家庭情况

父母都是初中学历，感情不好，虽然没有离婚，但是经常吵架、冷战，短则几天，长则一个月。

父亲在屠宰店工作，买牛、卖牛肉。小雨小时候父亲经常出差，很少在家，很少参与孩子的学习生活。但父亲的人生阅历更丰富，有什么大事，都是父亲与女儿沟通。

母亲不上班，全职抚养小雨。小雨长大后，在异性交往方面不服从母亲管教，母亲一气之下不管了，出去到一家面馆打工。

小雨是独生女,但表哥、表姐众多,且交往频繁。

三、他人(自我)评价

班主任(语文老师):学习不认真,惰性大,被逼紧了作业任务也能完成。喜欢与异性交往,与本校和外校男生联系较多,周末外出活动频繁。

爸爸:对家长还算诚实,不说谎。在外面胡作非为,交友比较乱。但是思想单纯,没有主见,容易被骗。

妈妈:不懂事、不听话。每次管她,她都不知好歹,咬牙切齿地跟我吵架。

同学:她对学习满不在乎,她的压力都是来自于男朋友们,周末经常趁家长打麻将跑出去约会,赶在家长回家之前回家,家长都不知道。

自我评价:我觉得自己没有一点优点。太在意别人眼中的自己,依赖心理重,做什么事情都要向别人求助,问别人的意见,常常被别人的想法左右。晚上满脑子想的都是乱七八糟的事情,导致经常睡眠不足。之前我一直抗拒吃医生开的抗抑郁的药,但现在发现自己控制不住情绪,还是选择吃药。

四、典型事例

事例1:小雨经常被妈妈打,爸爸和妈妈骂她的话很难听,如白眼狼、不要脸,等等。

事例2:有段时间喜欢上了一个男孩子,但无论怎么追,都追不到,反而被对方讽刺挖苦,这样的遭遇让她很伤心。

事例3:在网上认识了一位已经辍学打工的体校生,确定恋爱关系后,两人经常约会。但男生要工作,不能及时回复她的消息,为此经常闹矛盾,后来分手了。之后心情不好的次数越来越多,去医院检查,医生开了治疗焦虑和抑郁的药。但她并不按时吃药,导致经常控制不了情绪。

事例4:小雨最近莫名其妙地心情不好,总是发呆,晚上睡不好,或者很容易就醒了。前几天梦见了原来喜欢的那个男生。但他身边不是自己,是另一个女孩,小雨感到很痛苦,靠在唯一一个男闺蜜身上。然后,她抱着一大箱啤酒往嘴里一瓶一瓶地灌。喝着喝着还拿起了小刀割手腕。

事例5:小雨从初一开始就在学校各年级找所谓的"男朋友",后来初二追上了一位外校男生,交往了一段时间,自己提出分手。初三了,学业紧张,小雨又通过网络追求了一位已经辍学打工的体校男生,父母非常生气,但是管不住,她周末经常趁父母不在家就跑出去约会。相处一段时间,小雨又提出分手。之后小雨开始情绪不稳定,有轻微自残行为。

五、心灵档案

1. 早期记忆

① 4岁时,因为尿床,被爸爸罚站。

② 刚走路利索半年左右,第一次过马路,没大人带,左右不看,直接冲过去,差点被车撞到。

③ 3岁半的时候喜欢在一棵大树下玩,两个小伙伴提议爬树,他们比我大,都爬上去了,就我在树下面眼巴巴看着,闹脾气。后来干爸把我抱上去,才没有继续闹脾气。

④ 4岁上幼儿园,有次放假,趁爸爸睡觉,抱着最喜欢的洋娃娃去棋牌室找妈妈。在小胡同里面转了很久才找到。等到了棋牌室就看到爸爸穿着拖鞋跑过来,把我拎回去。

⑤ 5岁跟小伙伴出去玩,被小伙伴撞跌倒了,哭着跑到棋牌室找妈妈,妈妈跑了几家药店才买到药。

⑥ 6岁时买了一幅纹身贴,贴完后怕被爸妈骂,用干纸巾擦,把皮擦破。

2. 词语联想

天空:蔚蓝的天空、一朵朵白云、没有别人、只有自己一个人和一只拉布拉多躲在树屋里的床上、欣赏远处山川溪水的景色。

人:每个人都会离开、不对别人产生依赖感、不再做伤害自己的事情、不想不该想的人、有些人留不住、最后还是要归还人海。

网:现在这个暧昧横行的时代、每个人之间的关系就像一张大网、复杂又难懂。

然而:可是天意如此,有些人错过了也就错过了、有些事该放下也就必须赶紧放下。

平静:我总是很暴躁、平静的原因也很简单、被其他事情或者人转移注意力罢了、平静的心对于我来说、其实很重要的、可是我怎么都平静不下来。

跑：每次跑完步都要花些时间平复，就像是我心情不好时一样、自我安慰、自我愈合。

3. 五项图

图片说明：中间人物是爸爸，左边是小雨本人，小雨手旁边小方框里的词是"撒野"。右边人物是妈妈。

4. 全家福

图片说明：小雨在图中第二行，在姐姐和姐夫之间。

六、确定问题

引导小雨与异性正常交往。

教 育 会 诊

案主：姚晓欢老师

诊疗小组成员：陈锡老师、思远道老师

一、问诊

思远道：这个孩子的全家福比较罕见，难得见到这么多人的全家福。关于画全家福的要求，老师说清楚了吗？

案主：讲清楚了，实际上这已经是她第二次画全家福。两次画全家福，只是人物顺序有些变化，人物数量都很多。

思远道：一般孩子会把姐姐、姐夫画在一起，这个孩子两次都是把自己画在了姐姐和姐夫之间吗？

案主：是的。

陈锡：班主任和这个孩子的父母沟通得顺畅吗？

案主：不顺畅，妈妈是拒绝和老师沟通孩子问题，直接表明态度：这个孩子我不管了。爸爸在沟通时容易情绪激动。

陈锡：她父母知道她有轻微自残行为吗？

案主：是的，知道的。

二、诊断

陈锡：小雨是一个非常缺乏安全感、非常在意别人看法的人。她心细敏感，一直在寻找一个可以让她依靠的肩膀。这从早期记忆两次找妈妈，五项图中在父母面前撒野可以看到，而现实中小雨一下课就到处串班找人玩，主动追求男孩子也能说明这一点。

思远道：小雨是一个孤单成长的女孩，她渴求父爱、母爱，却没有得到，然后不停地想办法找到可以替代的爱，但也没有办法得到。小雨或许终其一生都在寻找"重要他人"，父母在她的成长过程中，没有能够成为她的"重要他人"。她自己又不知道要找什么样的人，五项图中，树上果子那么多、全家福中人物那么多就可以证明。

三、对策

思远道：这个孩子凡事都向别人寻求帮助，包括串班找朋友，都是一种

外向求助的表现,既然是一种外向发展,就不容易向内伤害自己,也就是说自残的风险反倒小了。老师在和这个孩子聊天的时候,要特别设置一些问题来引导她思考、解决问题。比如,你希望找一个什么样的男朋友?有没有这样一个人?你希望那个男孩看到的自己是什么样的?你目前能吸引他、让他满意吗?类似这样的问题要精心设置,问的时候要不经意地随便提出,引导这个孩子正确认识人际关系。

陈锡:建议找一位女教师以朋友的身份走近她,先给她写一封信,表达对她的关心爱护。例如,要教会她如何在异性交往中保护好自己,主动关心她初中毕业后的打算等。注意不要带有说教的口吻,只是像朋友一样表达关心。在建立和谐的关系后,再定期和她谈心或者继续写信,力求让该老师成为她可以依靠的肩膀。后续可以继续做其父母的工作,让他们平时多主动关心小雨。父母那里的工作我觉得有点难,所以,先做好老师自己的工作更为重要。

诊疗报告

一、诊疗对象

小雨,女,15岁,九年级学生。

二、主要问题

人际交往问题:引导她建立正常的人际交往关系。

三、初步诊断

小雨个性单纯,尊敬老师,交友广泛。但是,安全感严重缺失,对人际关系充满困惑,不知道哪一个人是自己的"重要他人"。

四、原因分析

1. 安全感严重缺失

小雨是一个安全感严重缺失的孩子。从早期记忆来看,第一则记忆,4岁时因为尿床被爸爸罚站。可以想象她小小的脑袋当时就发懵了,深深的恐惧藏在心中。第二则记忆,差点被车撞到,也是非常不安,甚至可能因此受到了惊吓。再看她画的全家福和五项图里,每一个人虽然腿脚都没有画,可是都有一双大大的眼睛,背后就是恐惧。父母恐怕从来没有真正从心底里细致地安慰过这个孩子。爸爸和妈妈一起骂,妈妈的打,使这一切变得更糟糕。这个孩子没有自信,否定自我(没有一点优点),不能接纳自己。没有自信、自我,小小年纪的她就只能生活在别人的意见之中。当她行为中各种各样的事情,特别是交往关系被否定之后,她就再也难以理清头绪,控制好自己的情绪,她根本不知道自己该做什么。全家福中她画的人是从长辈依次往后,长辈在她心目中的地位很高,她自己站在姐姐和姐夫之间暗示一种亲密关系。众多人物可以适当化解她内心的孤独和不安,不过她更希望得到自己所属的亲密关系。最后,看她的词语联想:第一项就显示出自己在家的孤单,第二项则显示出自己对没人依赖的无可奈何。这两项都表达了父母爱的缺失和自己对爱的渴求。

从材料看,她的家人都没有精神问题,基本可以排除先天遗传。那应该就是后天导致的。找男朋友做依靠,无法得到自己想要的爱情,情感受伤,心情烦恼,情绪低落,甚至想自残引起重视。她的一切行为都在寻找亲密关系,寻找生命的依托,寻找让自己的安心所在。也就是说,这个孩子实际上是在想办法治愈自己。那她是在哪里受到了伤害呢?很显然那就是家庭。

在小雨的家庭中,父亲不常在家,母亲常年在家,却常年打牌,孩子童年需要的关爱没有得到满足,处于一种不安全、缺少关爱的状态中,在校学习也不大好,但是听老师的,说明在老师这里还保留一点寻求关注和关爱的希望。可能思想上她比同龄女孩要成熟些,为了寻求更多的归属感和情感的依托,她试着寻找男朋友。寻找男朋友的目的是索取关爱、理解和保护,所以,必然会失望。同时,父母察觉不到对孩子关爱的缺失,反而认为孩子放任自己、自暴自弃,并给予绝情的批判。

2. 对人际关系非常困惑

从早期记忆来看,都是和人际关系有关。五项图中树上果子那么多,揭示了这个孩子自己也不知道自己想要什么。树干笔直强大,显示生命力强,生命能量大;房子小而远,表明她对家的感觉不好,爸妈两个人中,更依赖、亲近爸爸一些,和早期记忆吻合。从图的布局来看,她希望和爸爸、妈妈能有一个共同的生活空间。全家福人多,恰恰表达了她交往的困境,没有"重要他人"。也可能是她自我边界不清,没有独立的自我意识,总是要依附别人才能活下去。于是，她总是找一个个男朋友。男朋友能满足她的需求，就能交往下去，满足不了就分手，再找下一个。但是，没有哪个人能满足她的所有需求，于是她就总是受伤，也就是在人际关系里兜圈。词语联想的第三项是她对人际关系的困惑，原因是父母在人际关系上没有引导和教育她。

本来母亲的抚养恩情更容易走近彼此的心里，然而，母亲认为女儿给自己丢脸，索性选择逃避责任，不再多管。相对于母亲，父亲较有温情，可是常年不在家，疏于监管，再加上成长的烦恼不便说，父女心灵沟通也很难。

孩子早恋又不听劝告，是激化亲子关系的重要原因。早恋让孩子被推出去孤立起来了，孩子感觉孤独无助，但她不知道原因。所有的烦恼无法排解，孩子很烦躁，得不到任何肯定和赏识，所以自我的价值感消失，自卑感加重，故而想喝醉逃避，甚至想自残以消除内心的不安。

五、转化策略

结合老师们的建议和小雨的核心问题，我们觉得从学校、家庭、个人等多方面寻找相应的策略。

1. 针对安全感严重缺失

其一，安排人生导师，帮助小雨建立自信。小雨需要一个有见地、有智慧的人生导师去帮助她认识自我，建立自信，整理脑子里乱七八糟的事情，提醒她慢慢认识情绪，控制情绪，最终让她不安的心灵安宁下来。导师可以给她以依赖与情感的依托，以及赋予她必要的归属感。

其二，和家长沟通。提醒小雨的家长要给孩子以鼓励、赏识。小雨的父母没有对孩子表现出足够的爱，甚至在孩子看来根本就不爱她。可以尝试教小雨的父母一些亲子沟通方法。

2. 针对人际关系困惑

其一，师生建立和谐关系。小雨对现任班主任还是很认同的，班主任老师可以以朋友的身份走近她，先给她写一封信，表达对她的关心爱护。例如，要教会她如何在异性交往中保护好自己。主动关心她初中毕业后的打算，考虑自己以后长大了从事什么样的职业等，注意不要带有说教的口吻，只是像朋友一样表达关心。在建立和谐的关系后，再定期和她谈心或者继续写信，班主任老师可以力求成为她可以依靠的肩膀。

其二,开展班会活动,学会正确处理异性关系。在班级里开与异性交往主题的班会,重点给同学们讲异性相吸的原理,以及如何尊重差异,互促互长,引导学生正确面对爱。小雨在班会中可以重新认识自我,重新调整自己,建立正确的爱情观。

六、实施与反馈

通过教育诊疗,班主任在教育小雨时方向更明确,根据制定的策略,开始实施。

一是利用学校开家长会的机会,邀请小雨的父母一起到学校来。最终,只来了小雨的父亲。班主任和小雨父亲反馈了教育诊疗得出的关于小雨的真实现状。建议小雨父亲首先改善和小雨母亲的关系,父母双方对小雨的教育都不能简单粗暴,多和小雨聊一些生活中有趣的事情,聊一聊小雨的朋友等。

小雨父亲听完班主任建议后,沉默了一段时间,开始反思,对小雨的困惑和无助感到非常心疼,表示会听从班主任的建议。

二是在班里召开了两次班会。一次是有关与异性交往主题的班会"青春相伴",引导青春期的学生正确、理智地对待恋爱问题。第二次是中考励志班会,其中一个环节是看父母给自己写的中考前的加油信。这些信是事先让家委会布置收取,存放在班主任手中的。小雨看了信后,趴在桌子上哭得很厉害。班会课结束后,班主任与她交流。她说长这么大,这是爸爸、妈妈第一次写信给她。在信里面,父母希望她能自信、快乐,告诉她父母文化水平不高,所以除了催她学习也没有别的交流。但是,父母的心愿不是让她达到多高的高度,只是以后可以选择自己喜欢的工作,不要像父母这般为了生存,对于工作没有什么选择性。但不管怎样,小雨的健康快乐都是父母最希望看到的。信的结尾部分是这样说的:谢谢你能看完这封信。这封信带给小雨很多触动,小雨一直哭着和班主任交流,她没想到其实父母还是很爱自己的。等小雨情绪稳定后,班主任和她聊了填志愿的事情,交流了以后她的职业规划。班主任最后提醒小雨,不要把希望寄托在别人身上。能让自己安心的只有自己,能真正关爱自己的只有亲人。

之后小雨像变了一个人,她不再到处串班找异性聊天,而是上课努力听讲,下课要么休息,要么背书,也会和班里的女生说说笑话,更多的是朝着中考目标全力冲刺。

三是班主任几乎每天和小雨交流,安慰她,鼓励她,也会带点小零食给小雨。

在中考最后阶段,打开心结的小雨,释怀了许多,努力拼搏,最后中考考上了当地的职校并顺利毕业。

班主任锦囊

也许我们对陷入异性交往问题的学生都尝试过以下方法——各种道理齐上阵:青苹果说、般配说、劝说等待、先"优秀"自己;各方压力齐施加:上报学校、告知家长、班会讨论;各种方式表达关心:指导学习、假意淡化、闲聊亲近等。

对班主任而言,学生的外部行为比内部情感重要;就教育来说,内部情感比外部行为重要。然而,学生的早恋问题绝不是单一的。它有可能与亲子关系紧张、师生关系僵化、群体中缺乏尊重与爱等问题相伴相生。因而我们在帮助学生时,可以采用教育诊疗的手段,先分析原因,再寻找对策。

应对策略也许可以参考:

以平常心待之,以谨慎心重视。

无论其他学生是否知道,处理细节都要保密。

了解学生恋情发展的程度。

告诉家长,若家长通达,可与之商议对策;若家长专制,即重在言明利害,取得家长理性的支持。

情感问题还是要用情感来解决,建立良好的师生关系,共情陪伴。

防胜于治、宜疏不宜堵,将班级文化的建设、良好人际关系的引导作为班级建设之初的重头戏。

必要时联系心理老师,进行心理评估及干预,防止意外事件发生。

总之,我们要善于在探索中反思,在反思中学习,在学习中实践。只要肯想办法,我们在帮助学生成长的同时,定能收获专业能力的提升。

（二）学优生的自律问题：不完美的"学霸"

老师都喜欢学霸，他们悟性高，课堂上与老师进行有效互动，营造出积极的学习氛围；大多数学霸有条理，知道在什么时间做什么事……但是，还有这么一些学霸，他们成绩优秀，却让老师头疼，同学厌恶。

"知乎"里与学霸有关的话题很多，包括"老师眼里的学霸""同学眼里的学霸""学霸心里怎么想的"，甚至包括"我的男朋友是个学霸"。有些学霸人见人爱，情商、智商双高，但还有一些，或多或少存在着顶撞老师、不尊重他人、不会与人相处、自由散漫等毛病。有同学给这一类型的学霸总结了三个原因：缺心眼的——沉默寡言，沉浸于自我的世界，不关心别人在想什么，除了学习，他们对什么都没兴趣，包括交友和游戏；歪心眼的——缺少同理心，只从自己的角度看待世界和别人；坏心眼的——怕别人超过自己，故意干扰别人或者做出假象欺骗别人。航航是哪一种类型的学霸呢？

原 始 资 料

一、基本情况

航航，男，15岁，九年级学生。

二、家庭情况

父母关系和谐，在子女教育上思路一致。父亲做水电生意，负责航航的教育。母亲是全职主妇，负责孩子的生活。爸爸对他要求很高，从小就逼着他看了很多书，琴棋书画都有所涉猎。从初中开始，航航周末在机构参加奥数、英语和物理辅导班。

航航是独生子女，上幼儿园时，奶奶跟他们一起生活过一段时间。奶奶是退休教师，对航航各方面要求都很高。上小学后，奶奶回老家，航航和父母一起生活。

三、他人(自我)评价

班主任：他接受新知识的能力很强，学习一点不吃力。但容易满足，前十名就行了，就没想过保住年级第一的位置。个性散漫，缺少规则意识，总是站在自己立场上考虑问题，不顾大局，对老师也不够尊重。是个不太好管教的学生。

爸爸：他对自己喜欢的事情舍得投入时间去研究，他能花两个小时看游戏回放，做作业遇到难题也不会轻易放弃。但不愿意做重复简单的事情，比如让他好好写字，他总说老师认得就行了。最近两年，他的好奇心没有以前强了，生物、地理这些知识，都是在吃小时候的老本。我们也知道他的性格不招老师喜欢，天天提醒他遵守纪律，他嘴上答应，到了学校就忘记了。

班长：航航非常聪明，他最喜欢老师上课给我们出难题。他考试答题非常快，我们才做一半，他就交卷了，然后就开始笑话别人做得慢，为此经常被老师批评。尽管他成绩蛮好的，但老师们似乎都不太喜欢他。

自我评价：我喜欢做有挑战和有难度的事，哪怕做不好或者犯错误，不喜欢做一成不变的事情。我喜欢理科，不喜欢文科，文科都是要背的，我记性不太好。我说话算话，凡是我答应的事情，我都会认真履行。我不喜欢说话不算话的人。我爸答应我考到前十名就允许我玩手机，但我考到前十名了，他又说必须前五名才可以。

四、典型事例

事例1：上小学时，航航是学校的明星人物，奥数、书法竞赛、航模，他没有一样不得奖。那时候也有些小调皮，如不举手就回答问题，把同学作业藏起来导致同学挨老师批评，不按时完成打扫任务。但经过家长和老师教育，总能很快改正。

事例2：七年级时，经常在自习课和午休时间带动周围同学讲话，影响别的同学写作业，班主任让他做纪律委员。这是他第一次当班干部，他做得很认真，不但自己以身作则，还把班级纪律搞得井井有条。课上，同学们回答问题必须举手，否则会被航航记违纪一次。偷偷讲话或者传纸条的，记违纪一次。课间，除了上厕所，他不允许同学们外出，只能呆在教室里静息听音乐。违反纪律的同学放学后必须留在教室里补静息半小时，他陪着。

一条路，一扇门——他们的故事

事例3：八年级换了班主任。新班主任希望给更多同学锻炼的机会，所有班干部轮流做。航航的"仕途"结束了。从那之后，他犹如变了一个人，上课讲话，跷二郎腿，甚至还顶撞老师。每一次课间，他都要以上厕所为名逃避静息，午休时去打篮球。看起来他喜欢班上一个女生，但是他不明说，还悄悄把她作业上的正确答案改错了，乘她不注意的时候偷吃她的零食。违纪之后，他也不肯留下来补静息。眼见他这样，别的同学也不肯再接受惩罚，班级管理一时间陷入了混乱状态。

事例4：航航非常喜欢玩王者荣耀游戏，据说在本地排得上前十名。爸爸跟他有个君子约定，周一到周五不玩手机，只有周五和周六晚上可以玩游戏，但无论大考小考，一旦跌出年级前十名，手机没收到下一次进入前十名。每周六上午，爱睡懒觉的他都早早起床，在电视里看王者荣耀游戏回放，有的段落，他看好多遍，还记笔记。爸爸说："你用这个精神去学习，不做学霸都难啊！"他说："周五、周六你们别管我，我保证不跌出前十名。"偶尔航航跌到十名开外，他爸爸会很开心。

事例5：期末考试，航航全校排名第四。考试后，班主任让同学们写了一份小结，航航的小结是这样的："初三以来，我感觉自己成绩遇到了一些瓶颈，除了英语和化学能保持稳定，其他三科都出现了波动，特别是语文，有很多不确定因素。数学上，我在初二下过大力气练基础、磨性子，专门练基础的计算和公式。我在初二所有的考试中，数学从来没有错过一道我会做的题目。但在初三，我开始着重练思路、练难题。因为我知道我初二的成绩含金量不高，只是因为我比别人更注重细小的陷阱。做难题我比不上××，但在放松基础之后，反而容易引起小错误，现在我数学基础甚至不如初二。物理是我五门课进步最明显的一门。我有一种学通了、恍然大悟的感觉，成绩也在稳步提升，我对物理比较有信心。语文是我最弱的一科，但语文提升很慢，我更想把精力集中到理科上，语文只想把作文写好就可以了。现在最大的问题是，我该练习写哪一种文体。如果是记叙文，优点是：老师推荐，中考主流；发挥稳定，不容易失手；练习次数多，比较熟练。议论文：我历史储备还可以，素材较多；我认为我更擅长理性思维；高中主流就是议论文，现在练，初高中衔接会比较顺畅；平庸的议论文比平庸的记叙文得分高；我有写议论文的基础,但是中考题目可能不适合写议论文,更适合写记叙文。"同学们都不相信这是他们眼里那个对什么都漫不经心、满不在乎的航航的小结。他对自己的学习状况比任何人都清楚,他清楚知道自己要什么,有什么,缺什么。

五、心理资料搜集

1. 早期记忆

① 我小时候学骑带辅助轮的自行车,跌倒了。

② 我跟奶奶出去玩,丢了50块钱。

③ 我跟爸爸、妈妈吵架,把自己反锁在房间里。我爸把门撞开了,进去把我打了一顿。

④ 在幼儿园里跟同学打了一架。

2. 词语联想

语文:作文比赛、奖状、考试、数学。

难:语文、作文、考试、政治、背书。

游戏:手机游戏、电脑游戏、踢球、跑步。

跳:立定跳远、跳高、摔伤。

虽然:即使、却、然而、但是。

3. 五项图

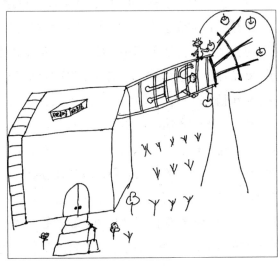

图片说明：房子和树之间有个梯子，航航先到了，得意地看伙伴拼命往前爬。房顶上有一本书，叫《爬树的方法》。

六、确定问题

一是能够尊重老师、尊重同学，与大家友好相处。

二是增强纪律性，在合适的时间做合适的事。

教育会诊

案主：赵月红老师

教育诊疗小组成员：王晓春老师、刘海仪老师、李红梅老师

一、问诊

刘海仪：自我评价和五项图都体现了航航自信的一面，但早期记忆都是挫折，这是一对矛盾。如果早期记忆里的挫折在他眼里没什么大不了的，那我们可以推测航航是个大心脏的孩子，对别人的评价和感受不是太在意。那他听不进老师的劝告，并非故意跟老师作对，他只是听不懂别人对他的要求，不知道别人为什么生气。如果他对早期记忆里的那些挫折很沮丧，那我们可推测他是用自由散漫掩盖自己的不自信。赵老师有没有了解过他早期记忆发生时的感受呢？

案主：我问过他，小时候被爸爸打有没有生气？他说没有，小孩不都是会挨打的嘛！他还说爸爸小时候也调皮，也经常挨奶奶打。

李红梅：词语联想可以较好地反映一个孩子的知识储备和学习状态，航航的词语联想很单薄，词汇量也少，看不出学霸的特质。这是什么原因呢？

案主：他的优势学科不包括语文，他看的书比班上其他同学多，但阅读理解就做不好，语文老师还经常笑话他情商低，不明白说话人的意图。他尤其怕写作文，有几次考试作文跑题。

刘海仪：航航的词语联想我想补充几句。老师提了 20 个词的标准，他都只写了几个，看起来是词汇贫乏，还有可能是航航懒，对这一类作业没兴趣做。他的词汇里，没有一个是与"情感"有关的词，可能暗示着这孩子不太善于察言观色，共情能力不强。我还有一个问题，航航有喜欢的老师吗？

案主：有，物理老师。他觉得物理老师有责任心，有耐心，知识面也很

宽。他从来没有跟物理老师产生过冲突。

王晓春：除了违反学校的纪律以外，航航有没有品德上的问题，如说谎，偷东西，欺负弱小同学，故意破坏公物，挑拨是非，损人利己等等？

案主：没有，他家长，尤其是他奶奶对他的品德方面要求很高。航航的是非观还是很明确的，有正义感、责任心和集体荣誉感。有同学欺负弱小，他还会主动站出来主持正义。

二、诊断

刘海仪：这是一个理性有余、感性欠缺的孩子，性格里有执着、倔强的一面，容易沉浸于自己设定的框架中。

王晓春：航航只是一个学有余力调皮捣蛋的孩子，他的问题主要表现在不遵守纪律，不服从老师的管教。他跟同学使坏，也只是孩子间的恶作剧，并没有恶意。品德方面，包括思想品德和思维品德，都没有问题。这个孩子边界感差，自由散漫，缺少规则意识。他和同学之间的边界不清，以跟别人恶作剧为乐。他和老师之间的边界不清，导致跟老师冲突不断。他的课内课外边界不清，导致上课随便下座位，想讲话就讲话。

李红梅：这是个有主见、领悟力高、有上进心的孩子。他学习能力强，精力旺盛，课上吃不饱，才会频繁违反课堂纪律。

三、对策

王晓春：老师们降低对他行为规范方面的要求。只要他不影响到别人，上课时，可以允许他做其他作业，老师也可以额外布置他有难度的作业。

刘海仪、李红梅：这孩子没有大问题。如果可以，建议找一个他信得过的人生导师，帮助他走得更稳、更远。

诊 疗 报 告

一、诊疗对象

航航，男，15岁，九年级学生。

二、主要问题

个性散漫，常与老师发生冲突。

三、初步诊断

航航是一个学习能力较强的孩子，他理性有余、感性不足，导致同理心不足，伤害别人而不自知。

四、原因分析

1. 学有余力，课堂上吃不饱

在五项图中，航航想爬树，就看了《爬树的方法》，这说明他遇到问题会主动学习解决问题的方法。他先爬到终点了，得意地看着还在努力的同伴，这是他自信的表现。

航航的观察力和领悟力都比较强，加上小学基础扎实，到了中学后，轻轻松松拿高分。他说老师课上讲的知识太简单，他几分钟就全懂了，接下来的时间就是陪练。他太无聊，就等着课堂上出现点意外，提升一下他的兴趣。同学也反映，当课上学的内容比较难，或者作业多的时候，航航并不会违反纪律，他只是忍受不了重复练习和无事可做。

从别人的评价和他自我评价看，他对自己喜欢的事情有较强的自驱力和钻研精神，即使没有外界的压力，他也可以做得很好。再看他的考试小结，思路清晰，计划性很强。

2. 理性有余、感性不足

从词语联想看，航航的联想词语很少，而且没有一个与情绪有关。他思考的路径一直没有转变，停滞于领词的框架中。这可以暗示他比较理性，不太善于察言观色，不善于换位思考。

早期记忆里伤害较多，但他自己无所谓，没有感到痛苦和烦恼，这也是他对情绪的感受力差，也不太留意他人的感受的表现。

五项图门前的台阶象征着通往他心灵深处的门槛，别人要想赢得他的信任，必须遵循他的规则，跨过他的门槛。

五、转化策略

一是家庭方面：参加一些课外培训，比如 Python、思维课程。

二是学校方面：明确提出基本的规范和要求，在不影响他人和老师正常授课的前提下，适当降低对他的行为习惯的要求。鼓励他课余时间帮助学习基础薄弱的学生。

三是孩子自身方面：制定一个明确具体的目标和计划，阶段性完成有挑战性的任务，扩大阅读面和知识面。

六、实施与反馈

其一，帮助老师改单词。每天，航航利用课间帮助英语老师改10位同学的默写，并指导他们订正、过关。这十位同学中，有两位同学的成绩有所提高。航航课间有事可做，离开座位的机会变少，对同学的影响也小了一些。

其二，调整座位，帮助一个薄弱学生，薄弱学生进步1分，给航航加0.5分。航航帮助的是他的好朋友小宇，一个书写马虎、看题马虎的学生。航航给他制定了规矩：如果因为审题粗心而导致作业做错，当天那门课的作业全部重做。小宇很听航航的话，成绩很快就有了提升。（航航一开始的帮助对象是一个女生，接受能力差，航航很快失去了耐心。为了保护住航航刚刚升起的热度，班主任没有强求，很快让航航选择了他的好朋友小宇。在案例诊疗的实施阶段，要保护被教育者的热情和信心，适时调整方向和做法。）

其三，午休时去机房，做一些机器人项目上的任务。起初航航主要是准备参赛内容，在获奖后，信息技术课老师让他去辅导低年级同学，航航很乐意。

其四，每月读一本书，做成PPT与同学分享。航航分享过两本书，一本是他自己选的科幻小说《三体》，还有一本是老师推荐的《人类简史》。妈妈反映，为了做PPT，航航难得周六上午不看电视，认认真真准备资料。

其五，学习Python。暑假，爸爸给他在南京报了Python课程，每周三次，航航一早独自乘火车去南京上课。在南京，他认识到比他眼界更高、知识面更丰富、成绩更优秀的南京学霸，这让航航谦虚了很多，也安静了很多。爸爸说，学Python之后，航航变化很大。

班主任锦囊

尖子生的培养是一个智慧与汗水、烦恼与喜悦并存的劳动过程。尖子生和尖子生不一样，老师要能分清尖子生的类型，根据不同的培养目标确定不同的培养手段。有的学霸是勤奋努力循规蹈矩型的，他

一条路，一扇门——他们的故事

们自律、守纪、尊重老师、团结同学。还有一种尖子生，他们善于观察、勤于思考，会举一反三，他们看起来调皮捣蛋，但对待自己学习上的问题毫不马虎。老师要从个人性格、思想品德和学习品德等方面综合分析他们的优势和存在的不足，预测其发展潜力，预见在培养他们的过程中可能遇到的困难和挑战，指明他们努力的方向和上升的途径。通过肯定学生的自身价值，鼓励他们把握机会，不断挖掘潜力。

勤奋努力、循规蹈矩型的学生，通常不需要老师过分督促，他们自己可以走得稳妥而踏实。老师和家长需要多关注他们所背负的压力是否适当，方法是否恰当，心理是否够健康。

而对于那些自由散漫、个性张扬的尖子生，要想有充足的后劲，老师要能帮助他们克服掉粗糙的东西，建立有序的生活和学习规范，减少成功路上的矛盾和阻力，让优势更多一分力量和锋芒。

无论哪一类型的学霸，良好的个人品质是必不可少的。良好的品质包括思想品质，如遵纪守法，有社会责任感；也包括良好的学习品质，如有很强的求知欲，注重知识的积累，会思考，肯钻研，善于挖掘事物的本质和规律，理解能力强，能触类旁通，思维活跃，反应敏捷。在具备了这两个基本品质的前提下，应适当给予他们宽松的环境，让他们的思想得到解放，自由地发展特长，追求个性。老师要强调对他们的道德修养的建设，在尊重他人、不影响集体的前提下，淡化对他们的纪律要求，从而营造一个健康、生态的育人环境。

毫无疑问，一个值得信任的人生导师能帮助尖子生走得更稳健，如果老师能调整自己与尖子生的节奏，从性格、与人相处和未来计划方面给予他们适当的指导，自然是再好不过的事情。如果我们自己做不到，可以引导孩子寻找身边的其他资源，或者从书本中获取力量。

三、学生个体与环境关系中的问题

（一）离异家庭孩子的问题：面对父母缺位的孩子怎么办？

近年来，随着离婚率不断上升，校园里形成了一个特殊群体——离异家庭子女。父母离异可能对子女心理造成一定的冲击，如何对离异家庭学生的心理进行教育、疏导，作为班主任需要积极探索新方法。

案例中的小李就生活在一个离异家庭中。父母在孩子1岁时离婚，之后各自再婚，孩子跟随爷爷、奶奶生活。爷爷、奶奶认为小李没有父母关爱，很可怜，平时过分迁就他，对小李的事包办代替。久而久之，小李养成了做事马虎、丢三落四等坏习惯。像小李这样的离婚家庭的孩子，如何采取措施帮助他们呢？

原 始 资 料

一、基本情况

小李，男，14岁，八年级学生。

二、家庭情况

1岁时，小李的父母离婚，小李随爷爷、奶奶生活。爷爷慈祥，主要负责学习方面，奶奶和蔼，总是烧好吃的。后来父母相继再婚，又各自有了孩子。13岁以后，小李随父亲和继母一起生活，寒暑假偶尔去外地妈妈家生活一段时间。父母和继母都是大学生。父亲和继母有时严厉、有时温柔。妈妈很温柔，总是笑眯眯的。

三、他人（自我）评价

班主任（语文）：小李行为习惯差，上课喜欢乱动，发出奇怪的声音，引起

一条路，一扇门——他们的故事

同学的哄笑。午休时老师在班，他就会装睡。老师刚一离开，他就找旁边的同学讲话。他的作业经常少做，不写名字，承认错误的态度诚恳，但屡教不改。

数学老师：小李比较懒惰，学习习惯很差，做事没有条理，答题几乎没有过程。

同学：小李每节课都会和周围的人讲话、传小纸条，或者自己发出声音，被老师批评，影响课堂纪律，班主任的课堂不会有这些情况。

自我评价：我是一个比较开朗的人，很马虎、粗心，生活也不是很细致，学习很不上心，上课有时也想听，却总是会不经意地开小差。很在意别人对我的看法，喜欢看日本的动漫和小说，喜欢音乐，没有太上心的事。

四、典型事例

事例1：七年级上学期期末，生物老师已再三提醒，要将教学案整理好带来，算平时分。他未在规定时间内上交，生物平时分算零分。3个月后，从未联系过我的小李爸爸打电话问我，孩子的生物平时成绩为什么是零分？沟通之后，我才知道小李爸爸事先并没有和孩子沟通。

事例2：疫情期间，小李的作业总是字迹潦草，漏写或不写，于是我和家长联系，小李留的联系电话是爷爷的，不是爸爸的。爷爷抱怨自己年纪大了，管不住，儿子不肯把孩子接过去一起住。之后联系孩子爸爸，爸爸却抱怨爷爷不肯让孩子和他一起住。

事例3：小李的桌面上、抽屉里都堆得乱七八糟，需要拿书本时经常在书包里找很久，还经常找不到。课本上的笔记要么不写，要么惨不忍睹，教学案总是破破烂烂的。名字几乎不写，书写潦草，提醒没有用。

事例4：小李在老师面前和背后的表现判若两人。一天午休，我悄悄从后门走进教室，结果看见小李在自己座位上表演，冲着前面的同学做鬼脸，动作夸张，和平时在我面前乖巧的他完全不同。批评教育后，我看学生都已午休，就去关后门。没想到本来午休的小李像弹簧一样跳起来，拉旁边同学的衣服准备讲话，动作之迅速令人瞠目结舌。原来他听见门响，以为我回办公室了。

事例5：八年级上学期，物理老师不允许他进班上物理课。原因是老师反复提醒课堂上不要讲话，他还是转头讲话。这样的情况其他任课老师也反映过。可是,在我的课堂上他非常安静,偶尔会走神。

五、心灵档案

1. 早期记忆

① 大约4岁,我在客厅的桌上画画,画的是一条长满鳞片的大鱼,背景蓝色,鱼是橙色的,下面有水草。

② 在家里的楼道里,我手脚并用爬楼梯。

③ 我坐着学步车在家里撞来撞去,撞倒了一个装满玩具的箱子。

2. 词语联想

天空:天空是蔚蓝色、窗外有纸千鹤、湛蓝、碧绿、一望无垠、乌云、下雨、雷电、风和日丽、大海、草坪、太阳、阳光、月亮、明亮、黑暗、白色、小鸟、风、雪、树林。

人:友好、善良、可爱、残忍、刚毅、坚强、懦弱、软弱、渺小、可怜、悲伤、痛苦、疼痛、健康、开心、危险、忧虑、优柔寡断、无助。

网:蜘蛛、互联网、因特网、乱、烦、网络、手机、电脑、WIFI、电视。

然而:虽然、但是、就、即使、也、突然、一会儿、转折、因为、所以。

平静:安静、宁静、海平面、森林、和平、世界、战争、反对、可怕、暴力。

3. 五项图

图片说明：图中人物是小李，背景是小李的房间，房间外是一棵大树。

4. 全家福

图片说明：图中人物从左往右依次为小李、爸爸、弟弟和继母，画的是一家四口从楼梯回家。

六、确定问题

帮助小李养成良好的行为习惯，改掉生活、学习上的混乱、无序、表里不一的问题。

教 育 会 诊

案主：赵婷老师

诊疗小组成员：白志波老师、凌荷仙老师、姚晓欢老师

一、问诊

白志波：五项图中，最右边四个格子里画的分别是什么？中间是茶几吗？如果是茶几，那茶几上摆的是什么？上半部分是有着两个床脚的床吗？

案主：四层格子里的东西，他说随便画的，按要求画的书，还有玩具；画的是茶几，不过他忘了上面画的是什么。五项图画的是自己的房间，上半部分是房间的背景。

凌荷仙：初二以来的这个时间段，是不是指这孩子离开爷爷奶奶之后，即开始跟着父亲生活的时间段？小李父亲带孩子的方式是怎么样的？与他

爷爷、奶奶的方式有什么不同？

案主：时间节点是初二下学期跟着爸爸，爷爷已经无能为力，交给爸爸自己教育。爷爷要求严格，教育方式主要是说教。初二下学期，爸爸多次和我沟通，希望孩子能考入重点高中。有次他带着小儿子来找我沟通小李的问题，他多次夸自己的小儿子，小儿子一年级，进来就坐在旁边看书，不吵不闹。两个孩子明显不同。

姚晓欢：这个孩子在家参与做家务吗？是否能整理自己的物品？他参加学校其他非学习性的集体活动（如劳动）情况表现怎样？

案主：不做家务，跟着爷爷、奶奶时，都是奶奶做。这个问题初一时找家长沟通过，让孩子自己整理作业，但是不能坚持。跟着爸爸的时间较短，在沟通中了解，爸爸是要求他自己的事情自己做。初二前后，学习生活习惯、作业书写没有多大变化，但数学成绩慢慢进步。在学校参加活动很积极，但集体活动时不停地讲话做小动作，影响整体活动。

二、诊断

白志波：小李的内在躁动、自保因素与外界规范刚性要求之间产生冲突，造成了小李成为人前人后两个人的问题。

早期记忆②是小李的即时应激互动模式的典型表现，手脚并用爬楼梯，必然限制眼界范围，只能遇到什么困境应激性地做出即时反应，以完成爬楼梯的过程。这孩子说回忆起这些感觉印象深刻，有意思，也说明这是根植于其天性的核心内容之一。早期记忆③坐着学步车在家里撞来撞去的本能躁动现象，也可以解释他自述中"上课有时也想听，却总是会不经意的开小差"和"没有太上心的事"的问题。

姚晓欢：造成这一问题的根源除了天性之外，与孩子爷爷、奶奶长时间溺爱放任教育方式也不无关系。

三则早期记忆全部是在家，这也为我们更为深入地理解小李行为提供了依据，即很可能是小李将家庭之外的所有空间全部当作家庭内部一样任其本能挥洒，可以使之调控甚至改变其行为模式的人，很可能就是长辈和老师。而小李的父亲并不像他爷爷、奶奶一样过分惯着他，过分溺爱他。

凌荷仙：这个孩子生性乐观，如果能正确引导，孩子有极大的潜力。这孩子的思维虽然单一性较强(五则词语联想就有四则几乎不超出领词范围),但是,在孩子"平静"的内在本能冲动之后是可以使他的思维出现一定程度发散的(依据是第五则"平静"词语联想的"森林"一词之后开始出现)。这就告诉我们,只要缓和了他本能冲动,经过引导,就可以促进他思维水平或叫智力水平的提高,从而有效发挥他的潜力。

三、对策

白志波:要给小李提供足够的言行舞台,以合理方式满足他想言说和行动的内在能量释放,就是顺其天性而导之。材料中说他喜欢舞蹈,集体活动中小动作不断,可以尝试让这孩子搞点精细性的动作活动,如剪纸一类动作,开始不求其搞得多好,只是用这种方式训练他动作专注力的持续性和准确性,一步步地来。

姚晓欢:建议父亲对小李在家务上落实责任。定时间、定地点、定任务、定流程、定标准、定反馈,每一环节都得扎实达标,这非常有利于培养孩子自我价值感、家庭责任感、良好习惯感。时间长了,到了什么时间没有做该做的事儿,就会感觉缺了点什么,从而自我内疚感就会自然产生,自我教育作用就会发挥作用。

凌荷仙:对小李赏罚上敢于担当。无论是小李的好说好动,还是遇事要能事前把握流程,要给他划线,定规矩,逾越就坚决要受罚,遵守了就要奖励。学校、家庭和孩子达成共识,坚决遵规守约。家校合力,日久天长,小李内化外在要求为自我要求之后,就会大大减少他内心躁动所致的做小动作和讲小话的频率。

诊疗报告

一、诊疗对象
小李,男,14岁,八年级学生。

二、主要问题
父母离婚,祖辈过分溺爱孩子,导致孩子缺乏自控力,生活、学习方面有诸多坏习惯。

三、初步诊断
小李是一个聪明灵活、积极乐观的孩子,但是缺乏自控力,专注力和行动力持久性不足,进而与学校持久性的言行规范要求相背离,在自保本能需求驱动下,最终造成小李目前人前人后两个人的问题情况。

四、原因分析

(一)家庭环境的影响

小李生活在一个残缺型的家庭中。父母在孩子1岁时离婚,并各自重组家庭。孩子13岁前跟随爷爷、奶奶生活。爷爷、奶奶因为儿子重组家庭,对孙子多了一份心疼,采取的是放纵型教养方式,对孩子的一些错误行为不予纠正,很少给予正确的指导和建议。在这种教养方式下成长起来的孩子大多任性,经常无视各种社会规则,倾向完全按照自己的心性做事。

父母采用的是忽视型教养方式。对孩子缺乏最基本的关注,对孩子的需要视而不见,更加谈不上满足。这样的教养方式导致孩子没有规则意识,对任何事情提不起兴趣,学习习惯和生活习惯暴露出诸多问题。典型事例1,孩子拿到成绩报告单后,爸爸没有第一时间去关心孩子的学习情况,而是过了很久才询问老师原因。典型事例2,爷爷和爸爸的教育方式产生矛盾,互相指责,没有找到合适的教育方式。在他的早期记忆中,两条都是和家相关的,他记忆深刻,觉得有趣。全家福中门中央贴着一个大大的"家"。四人都面带微笑,但是人与人之间有间隔。五项图的背景是自己的房间。从图画中都能感受到,他缺乏安全感,内心有着对家、对亲情的渴望。

(二)自身能力弱

1. 天性活泼好动,专注力和行动力持久性不足

早期记忆②"手脚并用爬楼梯",这是遇到困境应激性地做出即时反应,以完成爬楼梯的过程。早期记忆③"坐着学步车在家里撞来撞去的",这是孩子的本能,孩子回忆起这些印象深刻,也说明这是根植于其天性的核心内容之一。两幅图画几乎没有长线段,全部都是短线条构成,可见其内心一直处于躁动状态,所以会有他自述"上课有时也想听,却总是会不经意地开小差"的现象。

2. 缺乏目标,意志力薄弱

从小李的词语联想中可以看出,简单的名词较多,而且与消极心态相关的词也不少,如懦弱、渺小、可怜、悲伤等,可以感受到小李思维简单,知识水平不高,语言表达能力差。因此,他的作业正确率也不高,与老师、同学沟通表达不清,只能用行动说话。

五项图和全家福主要反映的是孩子现状中的情况。五项图中,小李把床(本能上最舒适的象征)画在了最高处,树无根无果子,意味着这孩子本应有的超我空间(理智发挥作用的空间)几乎完全被其逐乐躁动本能所占据。而他桌前阅读形象遮蔽了床的一部分,这显示孩子内心本能与理智两种力量在抗争。

小李上学之后,学校与家庭要求不同,于是两套行为特征就在小李身上出现了。一套是任其在家一样地本能释放,想干啥就干啥,另一套行为特征是自保本能,要求他很在意别人对他的看法,因而他会顺应学校要求,成为"乖巧孩子"。这两套特征就同时并存在了小李的内心世界。如果没有老师威压震慑,他自然就回归其好动本能状态了。

五、转化策略

结合老师们的建议和小李的核心问题,我们觉得从学校、家庭、个人等多方面寻找相应的策略。

1. 家长配合,规范行为

小李的父亲必须改变教养方式,家校合作,规范其行为。建议采用民主型教养方式,对孩子既提出适当的要求和限制,又给予孩子一定的自由,同时对于孩子提出的要求作耐心的解释,确保孩子的言行符合相应的规范。在这种教养方式下成长起来的中学生,独立性较强,善于用理性、民主的方式解决问题,自尊感和自信心较强,人际关系良好。

父亲已经重组家庭,可以将小李带入新的家庭,尽量抽出时间与孩子相处、交流,多创造一些与孩子接触的机会,增加精神层面的互动与沟通,让孩子在完整的、民主的、愉悦的家庭氛围中敞开心扉,健康成长。

2. 时刻关注,赏罚分明

小李的坏习惯是从小到大累积起来的,因此,想要改掉他的坏习惯,就必须把工作做细一点,需要老师时刻关注他的行为,及时提醒其改正,针对每个问题,告诉他犯错的原因,给他定好规矩,让他的脑海里有清晰的要求,从而规范他的行为,这是一个长期的过程。

3. 理想引领,不懈追求

无论是老师,还是小李父亲,可以和孩子谈谈未来,谈谈个人兴趣和理想,看似务虚,实则作用巨大。因为小李眼下是生活在即时状态中,而不是生活在不懈追求自己坚定目标过程中。如果这孩子有了自己明确而向往的生活目标,他所存在的内心躁动力量就会纳入为理想奋斗的精神之路上来,从而就为解决小李问题提供了个不竭动力之源。

六、实施与反馈

通过教育诊疗后,根据制定的策略,家校合作,实施教育,他的行为习惯有了变化。

一是小李爸爸把孩子带入新的家庭,增加和孩子相处的机会,为孩子创造一个较好的家庭环境。给孩子立规矩,一段时间重点培养一个好习惯,如自己的物品自己整理、学习资料、课外书分类摆放等。督促他每日大声朗读一段美文或新闻,以丰富他的词汇,扩大他的眼界,训练他的思维。鼓励小李参与家庭的家务劳动,定任务、定流程、定标准、定反馈,培养孩子的家庭责任感。学习方面重点对他进行写字训练,按照规矩描画,每一笔要扎扎实实,不能潦草。练字可以使人内心平静,有助于专注性和持久性的训练。

通过一段时间的尝试,小李的书写有进步,教学案写名字了,基本能按时完成书面作业。桌面偶尔收拾,但需要家长再三督促才能完成口头作业。父亲工作忙时,表现明显退步。

二是在学校时,老师们加强关注,及时提醒。比如,课堂上他走神时,轻轻拍拍他的肩,把他拉回课堂,并在课上多喊他回答问题。他喜欢在课上转头讲话,或传小纸条,向他了解这么做的原因,他的解释是好玩。于是,我在他周围安排比较自觉的孩子,让同学告诉他转头讲话影响自己,并让他前面的同学做类似的事情,让他亲身体验这样做的危害。多表扬、多鼓励,当班里有活动时,鼓励他参加,以满足他的行动需求。演讲比赛、音乐课、班会课或社团有表演环节时,都会让他展示自己。行为习惯差的孩子不让他动是不可能的,只能尽量减少他乱动的频率,降低犯错的次数,强化鼓励,使他渐渐改掉那些坏习惯。

这样从细节抓起,多种手段结合,明确他的行为规范,效果明显。小李的桌面比以前整洁了些,丢三落四的习惯有所改观。坐在他周围的学生反映他做事比以前有条理了些。在课堂上仍有乱动的行为,但几乎没有随便掉头讲话影响同学的现象。

三是利用班会在全班进行人生理想教育,促进他形成自己的理想目标。选择意志坚定的孩子,在平时和他交往的过程中,潜移默化地影响小李,让他感受身边榜样的力量。

各科老师都反映他学习上有进步,有错误能及时订正,尤其是数学进步明显。

班主任锦囊

近年来,我国的离婚率正逐年升高,随之而来的一个社会问题是离异家庭子女的教育问题。这个群体普遍面临亲情残缺、教养失衡等问题:有的父母对子女生活、教育持放养心态或置之不理的态度;有的父母因为离异将对妻子或丈夫的期待一并转移到孩子身上,期望过高;还有的父母在离异后将多余的关心都放在孩子身上,过度宠爱孩子。在这样的教育方式下,孩子容易产生自卑、抑郁、猜忌、冷漠等各种心理问题。教育诊疗可以帮助我们找到离异家庭子女存在的问题及原因,了解、掌握他们的心态,从而有针对性地帮助他们走出父母离异的阴霾,健康成长。可采取以下策略:

其一,与孩子的父母沟通,保持父母彼此在孩子心目中的高大形象,这就给孩子树立了一个正确的价值引导。

其二,通过一系列机会和活动满足孩子精神上的需求。离异孩子的家长,除了物质上满足孩子之外,还应在精神上给予孩子以引导。通过一系列活动让孩子感受到家庭的温暖,更加坚定地去相信爱。

其三,引导家长继续学习提高认识,掌握正确的教育方法,提高家长解决实际问题的能力,形成家校合力。

其四,在平时,教师要用爱心、耐心、信心去感化学生,用智慧引导学生。助离异家庭学生形成良好的人格,科学地引导离异家庭学生走上正确的道路。

（二）校园欺凌的问题：为什么受伤的总是我？

近年来，我国校园欺凌问题一直受到社会广泛关注。校园欺凌对被欺凌者的伤害非常大。如何帮助受到校园欺凌的孩子走出阴影、活出自己的精彩人生？这是一个值得我们深思的问题。

案例中的小林就是一个经常被欺负的男孩：个子矮小的他，努力地想和同学交朋友，可是换来的是一群孩子的嘲讽、辱骂，以及班级同学的哄笑。他的一言一行总能引起他人的议论，却没有人愿意帮助他。这样的孩子，该怎样帮助他呢？

原 始 资 料

一、基本情况

小林，男，14岁，八年级学生。

二、家庭情况

小林生活在一个和睦温馨的大家庭里，他是家族里这一代唯一的男孩子，家人都对他寄予厚望。他的父母都是高中文化水平。爸爸平时手机不离手，喜欢钓鱼。因是中年得子，爸爸在生活上很宠爱他，但对其学习要求很严格。妈妈非常关心其学习，时而严厉，时而温柔。对于老师指出的问题父母总是很配合地教育。

小林6岁以前和外公、外婆生活，之后和父母生活。小林觉得外公很懒惰，平时喜欢养鱼、养花、看电视。外婆非常宠小林，经常叮嘱他要好好学习。

三、他人（自我）评价

班主任（语文）：一个善良、乐于助人的小男孩，喜欢帮老师做事。做事拖拉，课堂上发呆，或者傻笑，总要反复提醒。自习课半个小时能一个字不写。因为课堂效率低，成绩退步明显。平时小林的一言一行总能引起同学的哄堂大笑,成绩比他差的同学也嘲笑、欺负他,可是事后小林又跟嘲笑他的同学一起玩。

英语老师:上课发呆,拿着笔不动,所有人在记笔记他不写。每节课都要老师站在面前、不断提醒才会听课、记笔记。课堂上教学案订正从未正确过,都要课后再次辅导。

爸爸:每天早晨都要喊,还不肯起。每天作业要做到晚上12点,家长坐在旁边都没用,就是拖拉,喊了不动。

同学:上课总喜欢自言自语,动来动去,影响听课。下课喜欢粘着同学聊天,叫他走开,他就不听。在生物课上、班会课上特别积极。

自我评价:有时会走神,成绩不太稳定,太浮躁,要静下心来才能提高成绩。我喜欢读各种科普类课外书,好奇心强,善于探索未知的事物。比如,相信鬼、外星人等超自然现象。我还很孝顺父母。我现在不再受那些坏人的影响,只要他们一猖狂,我就对他们毫不客气。

四、典型事例

事例1:七年级下学期一次下课,他左边的女生来告诉我(案主),小林上课自言自语,影响她听课,问能否调座位?事后,我悄悄问周围同学,是否有人愿意坐他旁边,结果没有人愿意。

事例2:班会课上,主持人要求举例说说关于生物方面的知识,他站起来口若悬河,讲得眉飞色舞。但是周围的同学则是一脸不屑的表情。

事例3:每节体育课后,他都会来告诉我,说同学骂他,甚至还动手推他。结果了解事情经过后,发现有的事情是他挑起的,或者他也动手了。

事例4:八年级上学期,经常在体育课上欺负小林的四个人,在下课的时候,将他的饭盒当球踢,最后踢碎了。小林看到踢碎的饭盒,知道是那四个人干的后,非常愤怒,指着他们,很激动地告诉了我。四人道歉后,小林就原谅了他们。

事例5:中午在教室里就餐,所有人盛完饭菜后,没有吃饱的人可以去添饭菜,添菜的时候,班级调皮的孩子就会起哄。有一次,倒完饭菜后,踢小林饭盒的小崔对着剩菜就喊:"小林,快来快来,里面还有好多肉呢!"他气得脸通红,半句话也说不出来。

事例6:小林第一次到我这里告状,说同学欺负他了,我把欺负他的同学狠狠批评了一顿,并且说只要有同学欺负他都可以来告诉我。没想到,从此以后,小林每天都要到我面前说一次,10次里有9次是互相谩骂、推搡。有时候,同学只是看着他笑,或做了个动作,他也会气得跑过来说别人侮辱自己。

五、心灵档案

1. 早期记忆

① 和爸爸钓鱼。

② 和小张(幼儿园的同学,也是现在的同学)一起砸死了一条要咬我们的竹叶青蛇。

③ 手被乌龟咬了,手指差点断掉。

2. 词语联想

天空:我在蔚蓝的天空尽情飞翔、广阔的天空、湛蓝的天空、海阔天空、天空是魅力的、深邃的天空。

人:人性、人世、人类、人体、好人、坏人、神秘人、主持人、自私的人、谦虚的人、人生、蛙人、别人、人们、人群、年轻人、老年人、成年人、小人、大人。

网:织网、网络、天罗地网、撒网、校园网、渔网、网住、法网、网格、网吧、淘宝网、捕捉昆虫、落网、大网、捕鱼、蜘蛛。

然而:然而这不是梦、然而他已经死了、但是、转折、因为、所以、然而我已经没机会了、然而这并不可怕、然而已经迷茫、然而这是现实、然而结局是这样、突然、一会儿。

平静:平静的水面、平静下来、风暴平静了、她平静地说着、平静情绪、风平浪静、水面、森林、和平、世界、海面、可怕、死寂。

老虎:友好相处、信任。

3. 五项图

图片说明：图中中间人物是小林，左边是房屋，右边是树。

4. 全家福

图片说明：全家福中画的人物从左往右，依次为爸爸、小林和妈妈。

六、确定问题

一是帮助小林融入集体，学会与同学相处。

二是改掉他生活、学习方面诸多坏习惯，养成良好行为习惯。

教 育 会 诊

案主：赵婷老师

诊疗小组成员：陈锡老师、白志波老师、华莉老师

一、问诊

陈锡：小林唯一的好朋友是一个怎样的人？他对小林如何评价？

案主：唯一的好朋友和他性格差不多，慢性子，很有正义感，很喜欢历史，做事效率不高。

白志波：经常欺负小林的几位同学是怎样的一群人？他们怎样评价小林？

案主：经常欺负他的几个孩子学习习惯很差，平时爱玩手机，家长无法监管。他们说就觉得欺负他好玩，说小林有时故意挑衅他们。

陈锡：三个早期记忆的个人感受是怎样的？

案主：三个记忆的感受，小林表述不清楚，第一个是很开心，第二个感觉很刺激，很勇敢，第三个感觉很疼。

华莉：小林所在的班级是一个怎样的班级？班风班貌如何？

案主：所在的班级孩子们比较阳光、活泼，同学们有集体荣誉感，友爱互助。

二、诊断

陈锡：小林是一位迷失自我、非常渴望外在的人际互动来寻找存在感的孩子。我发现他的早期记忆都没有"我"字，为何会这样？也许这就是他内在自我迷失的一种体现。早期记忆①和爸爸一起钓鱼，他的感觉是很开心。早期记忆②是和幼儿园同学一起砸死了一条要咬他们的竹叶青蛇，他的感觉是很刺激。我认为这两个记忆都强调了一种人际关系互动，和爸爸及同学的愉快互动，孩子需要这种开心的人际互动来寻找存在感。

华莉：我认为小林严重缺乏人际交往能力，从而导致同学孤立他嫌弃他。他的画中所有人物都没有五官。没有眼睛和耳朵，证明他不会察言观色、不会倾听；没有嘴巴，证明了他和别人交流能力的欠缺。小林一方面寻

找人际互动，一方面严重缺乏人际交往能力，导致他越粘同学，同学就越嫌弃他。于是，出现了案例所描述的"小林对同学很友好，努力地想和别人交朋友，但是似乎没有朋友"的现象。正常的愉快的人际互动找不到，他会很失落，我怀疑他最后会从同学们的哄笑甚至欺负中得到了一些畸形的满足感，于是就导致了材料中提到的"他们说就觉得欺负他好玩，说小林有时故意挑衅他们"。真是一个可怜的孩子。

白志波：小林同学是个社会化发展稍显滞后的孩子，他自信地生活在自己的内心世界里。这孩子的五项图，构图过于偏上方，这是注重精神世界、忽视现实世界的典型特征。他现实表现中的上课发呆傻笑，听课效果差，成绩不好，或者成绩大幅度下滑，并不是智力上的笨，而是精力没有高效地用在学科知识学习上所致。所以，小林的根本问题是如何适应外界环境和社会规则问题，而不是其他。

三、对策

陈锡：我建议老师找一个时间，让某位老师把小林叫到办公室进行单独辅导，老师在班上和其他同学说说小林的问题，告诉大家，小林需要大家的帮助，以后大家不要起哄，更不能欺负小林。由于该班级是一个比较优秀的集体，这样处理应该会有效果。老师可以主动把小林培养为自己的小助手，专门负责帮老师到办公室拿作业本、教具，等等。

白志波：建议提升孩子外在的人际交往能力。教师要找时间，手把手教他一些与同学交往的技巧及原则。例如，告诉他人与人之间必须保持一定的人际交往距离，距离才会产生美；又如，教会他一些倾听及察言观色的技巧，等等。

华莉：建议加强孩子内在的心理力量，让孩子找到自我。例如，教师可以和小林约定一个读书分享计划，一起共读一本关于名人成长的书，如《钢铁是怎样炼成的》，谈谈读书的收获，让小林在这种读书分享的活动中得到潜移默化的个人内在成长。当然，如果条件许可，老师也可以建议家长和孩子制定这样的读书计划。

诊 疗 报 告

一、诊疗对象

小林,男,14岁,八年级学生。

二、主要问题

社会化发展稍显滞后,活在自己的内心世界,严重缺乏人际交往能力。

三、初步诊断

小林是一个热情的孩子,渴望外在的人际互动来寻找存在感。可是他本身存在行为习惯方面的问题,严重缺乏人际交往能力,沦为部分同学欺负的对象。

四、原因分析

（一）自身原因

1. 以自我为中心,有较强的自我意识

小林是家族中的独子,受到家庭中所有人的关注。小学时表现良好,优越感明显。初中所在班级中优秀的同学较多,老师对他的关注较少,优越感消失。他选择沉浸在自己的世界里。五项图的构图过于偏上方,这是注重精神世界、忽视现实世界的典型特征。从他人和自我评价中可见,小林课堂上喜欢发呆或者自言自语,他经常在自己的世界里想象,一发呆就是半个小时,忘记了现实世界的规则秩序。

2. 慢性子,自尊比较低,缺少自知之明

小林是个慢性子的人,反应慢,做作业慢,做事情慢。他比别人慢几拍的举动常常引起同学们的嘲笑。在他的词语联想里,大部分是直接组词,名词多,依字关联,或者是重复的句式造句,或者近期学习的词语,可见孩子知识面较窄。在被同学拒绝或辱骂后,还会和该同学一起玩,老师反复提醒、批评后,依然不会改正,自尊心比较低,缺少自知之明。

（二）家庭原因

家长教育缺失。从家庭情况的了解,可知家长对孩子的学习过度关注,对孩子人际交往方面没有任何正确指导。家长生活上包办,孩子不会动脑筋做事,学习上陪伴着,孩子没有自主学习的意识。所以,当课堂上没有人陪伴、关注,被同学欺负的时候,他就不知所措了。当自己被欺负了,连前因后果都无法表述清楚。每次孩子被欺负后,家长的保护又给了孩子安全感。

(三) 学校原因

从老师们的评价中可见小林的学习习惯较差,学习成绩退步明显,屡教不改,所以批评较多,尤其是课堂上,不听讲、不记笔记就被当众批评。这样,那些经常被批评的、调皮的孩子就找到欺负的对象了——原来还有比自己还差的。老师对小林的批评居多,打击了孩子的自信心,不利于他和同学的交往。

五、转化策略

结合老师们的建议和小林的核心问题,我们觉得从学校、家庭、个人等多方面寻找相应的策略。

1. 帮助建立良好的人际关系

老师要告诉他,在和别人相处时,要学会倾听,不要一直自己在说,学会去辨别别人的言行动机,学会清楚地表达自己的想法,学会尊重他人意见。用提醒而非指责的方式,告诉他处理冲突的方式。

2. 家庭教育试着放手

家长也需要帮助孩子学会人际交往的方式,在实践中教会孩子人际交往的技巧。作为初中生,家长说教的力量是不够的,可以试着放手,降低对小林的期望值,让孩子学会独立思考、独立完成学习任务。要让他动手做事,走出他自己创造的世界里。

3. 学校教育要有针对性

和任课老师商量,尽量不要在全体同学面前批评他,给他留点自尊。多关注,多鼓励,如果能有表现好的地方多夸夸他,让他感受到老师对他的喜欢,使其产生成功的体验。

六、实施与反馈

通过教育诊疗后,班主任根据制定的策略实施教育,各科教师协同合作,取得了较好的效果。

作为班主任,我尝试用以下方法帮助小林:

一是和小林约定一个读书分享计划,一起共读一本关于名人成长的书

《名人传》，约定每周分享一次，分别谈谈读书的收获，让小林在这种读书分享的活动中得到潜移默化的个人内在成长。

二是与学生沟通交流，调查了解清楚不同类型的孩子欺负小林的原因。提出具体要求，并加强关注。对于喜欢起哄的人，找到领头的同学，让他学会换位思考。组织以"尊重"为话题的班会课，理解什么是尊重。把他唯一的朋友调到他周围去坐，这样既不用一下课就往同学堆里凑，又有人保护他，和他说说话。

三是经常与小林交流，问一问最近有没有遇到困难，有没有人骂他，有没有遇到开心的事情，听一听他的心声。当他把遇到的问题告诉我的时候，我会告诉他具体的解决方法。比如，问题很微小，对嘲讽一笑置之，不要急着对号入座。如果情况允许，可以试图改变对方的态度或行为以获得和解。面对同学的挑衅，当情形危急、对自己的重大利益有重大威胁时，要坚决的捍卫自己的权利，寻求他人的帮助。面对威胁时，用词要肯定；保持目光接触及坚定的身体姿态，维持平和而坚决的声调，避免支支吾吾，要在内心给自己打气，相信自己的行为是正当的；不论对方采用何种方式试图让自己放弃或者激怒自己，都要不为所动，只需保持平和而坚定的态度、表达清楚而恰当的内容。

通过交流，小林有了个人目标，增强了自信。现在他来告状的次数在减少。周围同学反映，他现在学会倾听了，如果同学表达不满他会离开，和同学发生矛盾的次数在减少，班级欺负小林的现象有所减少。

同时，与小林的父亲进行沟通，告知孩子目前存在的问题，尝试调整家庭教育的方式。比如，规定完成作业的时间，到时间就停止。告诉孩子整理教学案的方法，解决疑难问题的方法，而不是帮他收拾好东西、遇到不会的题目就一道一道题地讲解，过度陪伴，孩子就不会动脑筋做事了。除了学习方面学会放手，可以让他独立完成一些家务劳动，参与解决家里的一些事情，增强责任感。

据家长反映，在尝试以上方法后，小林能在晚上10点前完成书面作业，但是背诵任务不能及时完成。

另外，和任课老师商量，如果小林有表现好的地方多夸夸他，让同学们看到他身上的闪光点。他特别羡慕别人帮老师做事,那就给他安排一些简单的跑腿工作,到办公室拿东西、送东西、发作业,让他感受老师在关注他。和生物老师商量,在课堂上多给他展示自己的机会。生物、地理中考复习期间,安排他批改生物练习,为复习较差的同学答疑解难。

小林现在越来越有自信,敢举手主动表达自己的想法,也交到了几个好朋友。

班主任锦囊

2017年12月,教育部等十一部门印发《加强中小学生欺凌综合治理方案》,首次明确了学生欺凌的界定。该治理方案指出,中小学生欺凌是指发生在校园(包括中小学校和中等职业学校)内外、学生之间,一方(个体或群体)单次或多次蓄意或恶意通过肢体、语言及网络等手段实施欺负、侮辱,造成另一方(个体或群体)身体伤害、财产损失或精神损害等的事件。从上述界定可以看出,这种恶意的、带有欺辱性的,甚至是与金钱挂钩的恶性欺凌,已经远远超出同学"矛盾"的范畴,造成的后果十分严重。校园欺凌足以影响学生的心理健康及人格发展。多数被欺凌的同学出现恐惧、消沉抑郁、创伤后遗症、忧虑,必须引起重视。

校园欺凌的频繁发生、屡禁不止需要引起高度重视,预防欺凌的发生,也需要多方联动、综合施策。作为班主任,要帮助自己的学生远离校园欺凌。

一是开展教育,牢记四要四不要:要勇于说不,主动寻求同学老师家长的帮助;要建立信心,勇于保护自己;要多交朋友,融入集体;要谨慎交友,远离校园欺凌多发地。不要沉默忍受,不要报复,不要悲观厌世,更不要变成欺凌者。

二是指导家长加强关注:平时加强和孩子的思想沟通;对孩子爱之有道,不一味地满足其要求,适当进行挫折教育,培养孩子坚强品格;教育和管理好孩子远离暴力性动画片、暴力游戏及影视作品,不沉迷于网络;掌握与孩子关系较好的同学或家长的联系电话,以备应急时寻找孩子;教育孩子,当看见别的同学受到欺负时,不要做旁观者,要及时向老师报告;经常和学校沟通,了解孩子在校的真实情况,如孩子遭受到校园欺凌,要稳定孩子的情绪,理解和果断支持孩子,给孩子足够的安全感,并要有理有节地拿起法律的武器来保护孩子,让实施欺凌者的家长承担民事侵权责任。

四、学生个体与时代关系中的问题

（一）手机使用的问题：手机，天使or魔鬼？

"都是手机惹的祸"，我们常会听到这样的抱怨。"手机问题"现已成为困惑孩子、家长的具有时代性的突出问题。针对被手机等电子产品所控的孩子，我们可以试着运用教育诊疗的方法，帮助他们找到迷恋手机等电子产品的原因，摆脱手机的控制。让手机真正成为孩子的"天使"而非"魔鬼"；指导孩子科学地使用手机，提高信息素养的同时，享受"E"世界的精彩。

我们班的悠悠同学就是一个典型的因迷恋手机而影响正常学习、生活的孩子。面对这样的孩子，我们该怎么办呢？

原始资料

一、基本情况

悠悠，女，12岁，五年级学生。

二、家庭情况

悠悠：1—4岁，由爸爸、妈妈、爷爷、奶奶抚养；5—6岁，由爸爸、爷爷、奶奶抚养；7—12岁，由爷爷、奶奶抚养。悠悠觉得爷爷很凶，爱讲道理；奶奶脾气温和，爱唠叨；爸爸脾气温和，开明；妈妈有主见，懒，什么事都不做。

悠悠妈妈是外地人，婚后因经济等问题，常与悠悠爸爸发生争执，在悠悠4岁时就离开家，回到娘家。妻子离家，悠悠爸爸特别郁闷，沉迷赌博输了二十几万。现住在单位宿舍，偶尔回家。悠悠爸爸、妈妈至今没有离婚，他们几乎从不过问悠悠的学习、生活。每年暑假悠悠都会被妈妈接回娘家住上一个月。

家庭经济一般,爷爷还未退休,奶奶退休后在一所学校食堂打工。悠悠的爸爸、妈妈从来不提供抚养费。

三、他人(自我)评价

班主任(语文):她很热情,经常主动要求帮老师做事。除了早上打扫保洁区的事外,其他事只要交给她,她都能很好地完成。她很乐意帮助同学。课上有时喜欢随便讲话,做小动作。她谎话比较多,不太讲信用,答应别人的事不能及时做到。她也喜欢带小零食到学校吃。同样的错误,屡教不改。上课时经常打瞌睡,得经常提醒她。她的家庭作业常少写,尤其是周末的作业写得特别马虎。学习成绩退步比较明显,一般只能考六七十分。

数学老师:作业常少写,写得马虎,正确率低。"惩罚"之后,会好上几天,过不了多久就又少写了。课上有时话多,影响其他同学。

英语老师:懒,经常少写作业。学期结束了,还有作业没有补好。

家长:喜欢关上房门躲在里面玩手机。家长不给玩,要么偷着玩,要么就以完成网上作业为由玩。她常常会玩得很晚,第二天赖床。她不喜欢在家吃早饭,几乎都在外买着吃。她很懒,在家什么事也不做,爱发脾气,常与奶奶发生争执。学习不自觉,需要家长督促。

同学:她比较大方,跟她借钱,她都会借。她喜欢吃零食,也会分给大家吃。她有时不讲信用,答应的事不做。她比较啰嗦,特别喜欢说话。

自我评价:觉得自己不热爱学习、懒、脾气暴躁、没耐心。当前感到比较困惑的是为什么容易和他人吵架;感到苦恼的是总被别人嘲笑长得黑;感到骄傲的是经常帮助他人;迫切想做的是把脾气暴躁、没耐心改掉;交友的感受是,有了朋友,生活会有很多乐趣。

四、典型事例

事例1:一次,她因玩手机,语、数、英三科功课的作业都没有写,受到了三位老师的批评。她在老师面前哭得稀里哗啦,还不停地说,自己离不开手机了,离开手机好像失魂落魄似的。

事例2:一个周一早上,老师发现她有一项作业没有交便询问她。她信誓旦旦地说自己写了,可找了半天也未找到。课后,老师未追问,她也像没事人一样说笑玩耍。中午,老师又跟她要作业,她说作业本在家里。老师让她联系家长把作业本送到学校。她说没有办法联系上家长。老师便说要亲自跟她到家里去拿。她依然理直气壮地说可以的。到了她家,她就开始找,东找西找就是找不到。老师、奶奶多次跟她说,如果没有写就承认,补起来就可以了,不要浪费时间。没想到她还坚持说自己明明写了作业却找不到了。40分钟后,爷爷回家了,了解情况后,就大声说她是个骗子,是个品行不好的孩子……这时,她才承认自己的作业没有写。两天之后,她将所有的作业都补了起来。

事例3:早间管理时,她经常来得比较迟。她每天都要打扫保洁区,有时因来得迟就不打扫,但却谎称自己打扫过了。

五、心灵档案

1. 早期记忆

① 有一次幼儿园布置作业,我写得很慢。我爸回来等了好久,我也没写好,就挨了一巴掌。

② 4岁时,爸爸、妈妈在我面前吵架,然后,妈妈就被气得回外婆家了。

③ 记得很清楚的过去的梦:我捡到了一张彩票,中了10 000万,去兑换时发现过期了。

2. 词语联想

天空:湖、美好、春游、朋友。

人:女人、孩子。

网:网络、网拍。

可是:吵架、反驳。

平静:暴躁、哭。

跑:朋友、比赛。

书:《哈利·波特》搞笑。

游戏:同学、网络。

分开:重逢、见面。

老虎:凶猛、母老虎。

理想:教师。

3. 五项图

图片说明：中间的女孩是悠悠自己，房子上挂着的牌子上写的是"林中小屋"，左上角的是张着翅膀的书，树干上爬的是蜗牛。

4. 全家福

图片说明：三个人按左至右分别是自己、妈妈、爸爸。人物背后方框是门。方框右下角是兔子。

六、确定问题

一是帮助她摆脱手机的困扰，学会科学地使用手机。

二是使她爱上学习，做事勤快些，脾气温和些，做事有耐心些。

教 育 会 诊

案主：凌荷仙老师

诊疗小组成员：华莉老师、白志波老师

一、问诊

华莉：悠悠用手机主要玩什么？

案主：看各种信息、视频、抖音、网络小说，与同学聊天，还玩"狼人杀"等游戏。

华莉：悠悠在班里有没有好朋友？

案主：她在班上有两个特别好的朋友。两个朋友也喜欢玩手机，常常玩到深夜，严重地影响了学习和生活。

白志波：悠悠小时候挨了爸爸一巴掌后，自己当时是反抗不写作业了？还是顺从地赶紧写完？还是无所谓地依然如故？爸妈吵架气走妈妈后，自己当时在感情上是站队爸爸？站队妈妈？还是不知所措？还是无所谓？

案主：孩子当时虽然很生气，但还是顺从地赶紧将作业写完了。爸爸与妈妈争吵的事情记得不是太清楚了。爸爸气走了妈妈，孩子有些害怕，害怕妈妈再也不回来了。果然，后来妈妈很长时间没有回来。因为不知道爸妈为什么而吵架，所以她也不是特别生爸爸的气。

二、诊断

白志波：悠悠是因为对母亲离开的不满引发她放纵自己沉迷虚幻场景、遭遇现实规范碰壁后更加沉迷虚幻场景的孩子。依据在于，画中象征家的房子在画的最高处，房子居然惊人地垄断了整个画面的上半部，她妈妈靠前突出地占据着中心位置。可见妈妈在她心中的地位很高，然而，现实中妈妈却离开了。这是悠悠潜意识中不满和愤怒情绪的根源，是她自述莫名其妙地"脾气暴躁、没有耐心"和"容易和他人吵架"的内在依据。遭遇挫折之后沉迷虚幻，是沿袭她爸爸的基因所致。她爸爸遭遇妻子离家后是沉迷赌博打游戏这类虚幻麻醉，悠悠遭遇妈妈离开之后也是沉迷于手机之类的虚幻场景不可自拔，用她的话说就是"离开手机好像失魂落魄样似的"。

华莉：悠悠是个热心，但又比较懒惰、有些任性、沉迷手机的孩子。依据

在于,班主任和同学都反映她很热情,乐于帮助别人。从老师、家长的反映以及所联想的词语数量少、涉及范围窄,可以推测她很迷恋手机,无心学习,比较任性。

三、对策

白志波:妈妈在悠悠心中占据着中心位置,而现实中妈妈的离开是悠悠潜意识中不满和愤怒情绪的根源。建议班主任与悠悠妈妈谈一次,说明她的离开对悠悠产生的巨大而深远影响。建议她开始加强与悠悠的沟通,多倾听接纳孩子的苦恼,多鼓励、表扬和指导悠悠的进步。虽然身在异地,电话或微信沟通还是能够做的。妈妈多给悠悠正向心理支持,对她走出负向心理闭环的积极作用会是比较大的。

华莉:这孩子"主动要求帮老师做事","只要交给她的事,她都能很好地完成",也"很乐意帮助同学"。老师可充分利用悠悠尚存的向师性和本身就具有的助人为乐性,引导孩子逐步建立现实中的成就感、荣誉感和力量感。一旦这个孩子比原来有进步,老师要记得鼓励表扬她,甚至在合适的条件下公开表扬她。

诊疗报告

一、诊疗对象

悠悠,女,12岁,五年级学生。

二、主要问题

行为问题:沉迷手机,成绩明显退步。

品质问题:任性懒惰,避责说谎,不讲信用。

三、初步诊断

悠悠聪明能干,比较活泼,喜欢交友,但有点任性,比较懒惰,喜欢享受。她沉迷于手机,无心学习,进而避责说谎,不讲信用。

四、原因分析

1. 任性懒惰,喜欢享受

① 父母的影响。早期记忆与梦境中,悠悠都提到了学习,可以推测她还是比较在意学习的,也希望取得好的成绩。词语联想中每组词的个数都很

少,同时老师也观察到她在完成词语联想时书写马虎、用时很短。事后,老师问她为什么不多写点,她说,懒得写。奶奶与老师的沟通中,也多次抱怨她的懒惰、任性与喜欢享受。据悠悠的奶奶描述,她的妈妈只上过几个月的班,喜欢吃喝玩乐;晚上看电视、玩手电,第二天中午才起床;家务活几乎从不干。"全家福"中,"妈妈"居于中心,可见妈妈在悠悠心目中的地位是很重要的。虽然妈妈与悠悠相处的时间不长,但她对悠悠的影响是非常大的。悠悠笔下对妈妈的评价是"懒,什么事都不做"。妈妈的不良言行,也使得悠悠在不知不觉中养成了坏习惯。悠悠爸爸也是比较贪玩、没有责任感的。"身教重于言教",这样的家庭严重影响了子女良好习惯的形成和良好行为的发展。

② 奶奶的宠爱。奶奶勤劳能干,60多岁还在学校打工,早出晚归。悠悠从小到大都被奶奶伺候得舒舒服服,养成了"衣来伸手、饭来张口"的坏习惯。奶奶的宠爱也滋长了她的任性,想干什么就干什么。只要愿望得不到满足便会乱发脾气。

2. 沉迷手机,不能自控,无心学习,进而说谎避责

① 家长影响。三年级的暑假,妈妈将悠悠接到老家。她竟然用手机来取悦孩子,给悠悠买了一部手机。妈妈也在孩子面前不停地玩手机,无形之中给孩子树立了不好的榜样。两个人常用手机听音乐、看视频、读网络小说,甚至还玩起了游戏。就是那个暑假,悠悠迷上了手机。

② 无人监管。悠悠只有奶奶管,但奶奶不太懂手机。她经常以要用手机完成作业为由,无节制地使用手机。对悠悠使用手机,家长的指导、监督几乎是空白的。

③ 伙伴影响。悠悠有两个好朋友,玩手机的瘾特别大,三个人经常在一起交流,有时晚上会讨论到11点多钟。

五、转化策略

结合老师们的建议和悠悠的核心问题,我们觉得从学校、家庭、个人等多方面寻找相应的策略。

1. 针对任性懒惰,喜欢享受的问题解决

① 激发上进心,寻找榜样。上进心是前进的动力,悠悠本身还是好强

的,希望老师能多给她事情做,渴望得到老师、同学的认可,因此可以尝试激发起她的上进心。比如,多给一些事让她去尝试,进而表扬肯定她,让她获得成就感,增强责任心。

② 学会放手,培养自理能力。奶奶喜欢唠叨,越唠叨,孩子越不听。改变要从大人开始,奶奶要努力做到不唠叨,让孩子安静地去完成她自己的事。不论做得好与不好,对与不对,都不要去打扰,也不要去干涉,更不要包办、代替。如收拾房间、整理书包等事情,就要让悠悠自己去做。

③ 培养好习惯。指导悠悠养成每天按时起床的生活习惯,改掉恋床不起的恶习;培养制定计划的学习习惯,所有科目作业都严格按老师规定的时间保质保量地完成,养成不完成作业不睡觉的习惯。

2. 针对沉迷手机、无心学习、说谎避责的问题解决

① 辩证地看待用手机上网的问题。互联网的信息量大、交流速度快,随着时代的发展越来越吸引更多的青少年,也成为青少年寻求知识的主要手段。它使青少年不断接受新观念,接触新事物、新技术。对待悠悠用手机上网的问题,宜疏不宜堵。只有教师和家长辩证地看待网络问题,才能用科学的方法来帮助孩子。

② 指导家长引导孩子科学使用手机。针对悠悠当下的问题,家长要指导孩子做到以下几点:不经家长允许,不以任何理由使用手机;明确手机使用的时间,周一到周五除了完成10分钟的英语网上作业以外,不得使用手机;手机须在家长面前使用,受到家长监管;周末除了用手机适当地玩一些益智的小游戏外,不可用来做与学习无关的事;共同商量使用手机奖惩措施;如有手机使用困惑问题及时与家长沟通交流。

3. 培养有益的兴趣爱好

网络之所以容易使孩子痴迷,往往与他们的课余生活贫乏有关。因此,培养孩子养成广泛的兴趣,是至关重要的。老师可以指导家长用丰富多彩的文体活动充实悠悠的课余生活。

六、实施与反馈

通过教育诊疗后,老师加强与家长的沟通交流,达成了一致意见。通过多次家访、家长多次校访,老师与家长及时地交流了悠悠的情况,商定了转变她的计划和措施,共同努力转化她。

1. **引导树立正确使用手机的观念**

21世纪是网络时代,是信息时代,我们不反对孩子上网,但要树立他们正确的使用观念。家长和教师共同引导悠悠,让她认识到手机、网络只是学习的工具,应充分利用高科技去学习有意义的东西,开拓眼界,提高学习效率,而不能将光阴虚度在手机上。

2. **温情陪伴,及时鼓励,积极评价**

班主任就像妈妈一样关心悠悠,经常询问她的饮食起居,督促她在家吃早饭、早睡早起;经常与她谈心聊天,努力培养她正确的审美观和价值观。当悠悠在学习、活动中有进步或取得成绩时,都会及时予以鼓励和积极评价。

这样做让本就有些好强的她能怀有强烈的内在动力投身到富有挑战性的学习活动中去,真正激发起了学习的热情和潜能。

3. **给予机会,让其有发挥价值的机会**

依据"互补互助"的原则,根据悠悠喜欢说话、乐于助人的特点,班主任特意安排一个学习成绩虽不理想、但勤奋憨厚的小源与她做同桌。

热情的悠悠总是不厌其烦地帮助小源。小源进步了,老师夸小源的同时也会夸夸悠悠。同桌两人都取得不小的进步。

4. **转移注意,培养兴趣爱好**

只有当悠悠的课余生活变得丰富起来,她才会将注意力从手机上转移开来。班主任了解到她喜欢跆拳道后,就与家长商量让她学习跆拳道。家长也欣然同意,让她4点放学后去训练1小时的跆拳道。奶奶也更注重丰富悠悠的课余生活,周末会带她去图书馆、书店看书,去公园郊游,去博物馆参观,还给她报一个绘画兴趣班。语文老师对她进行个别辅导,向她推荐经典书籍,与她交流阅读体验,分享读书好方法。

渐渐地,悠悠爱上了读课外书。数学、英语老师也非常关心她。现在的她,晚上在家写作业的主动性提高了,学习成绩也逐步提高了。

5. **立下家规,规范培养**

俗话说得好,国有国法,家有家规。班主任与奶奶多次交流后,奶奶认识到家中得有规矩。家规对孩子的成长,不但起着约束作用,更会帮助孩子取得成功。在老师的帮助下,奶奶与悠悠一起商量,立下了以下家规:参与家务,独立做事;懂得感恩,学会感激;尊敬长辈,温和待人;承担责任,改正错误。

坚持了一学期,取得了较明显的成效。而今的悠悠脾气温和了些,懂事多了,能帮奶奶做力所能及的事,责任心也增强了,变得诚实讲信用了。

班主任锦囊

成长于移动互联网时代的学生,自然难以切断与手机的联系。但不容忽视的是,学生在校使用手机确实存在很多弊端。尽管学生使用手机的弊病明显,但完全禁止学生使用手机也并不现实,老师们可以做以下尝试:

1. 依据教育部管理条例指导实际工作

2021年发布的《教育部办公厅关于加强中小学生手机管理工作的通知》中对学生使用手机,提出了明晰要求。班主任要将教育部、学校关于手机管理的要求通过各种方式让家长、学生熟知,让学生明确校内外使用手机的规定。

2. 指导家长与孩子一起立下使用手机的规矩

① 必须跟孩子明确手机是家长花钱买的,所有权仍然属于家长。如果需要用,必须向家长借。家长愿意借给自己使用,还应感恩。一旦发现孩子不能善用手机时,家长有权把手机收回。

② 网上信息杂多,小孩缺乏辨别能力,稍有不慎就容易受不良信息影响。所以父母一定要知道孩子的手机密码,能随时了解孩子的动向,防患于未然。

③ 每天使用手机的时间要与家长约定好。

④ 小孩子自制力较差,大多数孩子拿到手机就属于完全沦陷型。因此,要引导孩子科学地使用手机,不能让其影响了自己的学习。

⑤ 不要使用手机来欺骗或愚弄别人,不涉及伤害他人的交谈。不熟悉的人可以先做朋友,不要轻易地掏心掏肺。

⑥ 如果不愿意当面说的话,同样不要通过微信、电子邮件或者打电话说。当面直接沟通是最好的解决问题方式,要勇敢面对,不要回避。

⑦ 不要发送或接收你或其他任何人的隐私部位的照片。

⑧ 不要成为手机的奴隶。不要拍摄数不胜数的照片和视频,没有必要用手机记录一切。手机不是活的,也不是你的延伸,没有手机也会过得很好。

⑨ 可以适当地用手机玩点文字游戏、拼图或脑筋急转弯游戏。

⑩ 引导孩子用自己的双眼看世界,观察自己周围的世界所发生的事情:瞭望窗外的景色、倾听鸟儿的叫声、散散步、跟人聊聊天、发发呆,而没必要去网上搜索。上天给了我们一双眼睛,是用它来发现生活的美好的,当你抬起头,看看天空时,你会发现原来生活这么美。

（二）同胞竞争问题：老大的烦恼

随着生育政策的放开，多孩家庭越来越多，父母们没有学会如何平衡分配给两个孩子爱和关心，同胞们没有学会如何共处，如何分享父母的感情，尤其是大孩。他们中，有的明争，整天争吵、打架；有的暗斗，看起来不争不吵，却以生病、逃学、出走甚至自残等方式折磨父母，分散父母在弟妹身上的注意力，以期独享父母的爱。

家长和老师常常慌张地应付这些表面现象，给他们贴上叛逆、自私、嫉妒的标签，却忽视了隐藏在背后的根本原因。

小七是一个二孩家庭里的老大。在她6岁的时候，弟弟出生了。弟弟懂事、乖巧、聪明、漂亮，看着他，大人的眼睛里充满了喜悦与满足。尽管家长尽量表现得公正地对待两个孩子，但是小七看得出他们的克制和勉强。曾经集万千宠爱于一身的她，一次次辍学，一次次深夜里离家出走，甚至用刀片自杀……她用种种方法折磨父母，这个幸福的家庭从此不再宁静……

原 始 资 料

一、诊疗对象

小七，14岁女孩，七年级学生。

二、家庭情况

1. 父母的情况

小七的父母都是生意人，在外人眼里，他们是一对不般配的夫妻：妈妈比爸爸小十岁，学历高，工作能力强，能言善道，长相年轻，个性强势。爸爸学历低，矮而胖，不善言辞。妈妈看不起爸爸，觉得他情商低、学历低，不让他管孩子的教育。

2. 爷爷、奶奶和外婆

小七的父母都是独生子女。爷爷、奶奶一直和他们一起生活，起初对小七宠爱有加。可是他们重男轻女,自从弟弟出生之后,小七明显感觉到自己被冷落了。后来爷爷、奶奶回老家了,小七的外婆过来和他们一起生活,照顾两个孩子。

在对待两个孩子时,外婆的天平更倾斜了——家里有做饭的保姆,但外婆坚持自己给小宝一个人做饭,为了小宝,她报名学了营养课。小宝跟爸爸说话超过10分钟,外婆就会以各种理由把他带走。爸爸有时候还会因为跟小宝待在一起的时间过长而遭到外婆的呵斥。爸爸私下跟朋友抱怨,儿子成了外婆的私有财产。外婆的微信名是"小宝的外婆",朋友圈里发的全是小宝的照片和视频。妈妈私下说过她几次,但是背地里,外婆还是明显偏心小宝。

三、他人(自我)评价

英语老师:小七对小动物非常有耐心,有爱心,但是对触犯到她利益的人,比较极端。她曾经说要学好化学,研究出致人于死地而不留痕迹的药品。我问她想要致谁于死地,她说"弟弟"。

妈妈:小七是个有上进心的孩子,还挺能吃苦的。有一次他们徒步登山一个星期,小七的脚受伤了,肿得很高,但还是坚持走到了山脚。

爸爸:小七脾气特别大,我怕她。跟她交流很不顺畅,问她话,只要她不回答,我都不敢再问。

同学:她挺好的,充满了正义感和正能量。有一次,看完电影《中国机长》后,她发了一条朋友圈:做人,就得做出这样的价值感来!

自我评价:我觉得自己是个有上进心的人,爱思考、爱学习,对世界有好奇心,尤其喜欢跟别人讨论侦探故事。我情绪不稳定,很容易因为一件小事而失控。我对同学还比较包容,但是对家人极其没有耐心。在处理问题的时候,思路不够清晰,有时候会钻牛角尖。

四、典型事例

小七这几年的主要学习轨迹是:国际学校(五年级到七年级上学期)→休学三个月→五中(七年级下学期)→休学七个月→八中(至今)

事例1:小学五年级时,11岁的小七坚决要求去国际学校读书。国际学校是一家寄宿制学校,离家很远。父母觉得她年纪小,独立生活的能力不强,而且她与同学关系一直不太融洽,集体住宿会有隐患。但她一直闹腾,父母只能妥协。(去国际学校读书的原因,我分别问过爸爸、妈妈和小七,大家都没说,我怀疑有不便对外人说的隐情。在教育诊疗中,老师要有边界意识,不要过多插手学生的家庭私事。)

事例2:国际学校大部分孩子家庭经济条件优渥,学生有见识、有个性。初一开学后不久,班上有几个男生说小七长得丑,不讲卫生,还给她起了难听的绰号(家长至今不知道是什么绰号,从不敢问),女同学们也集体孤立她。学校对她失去了吸引力,她开始找理由请假,继而旷课,直到再也不肯去学校。父母采纳了学校老师的建议,给小七办理了一年休学,等情绪调整好再复学。休学在家期间,她有几次晚上离家出走,全家人满城寻找,甚至还动用了警力帮忙。

事例3:从国际学校休学后,小七说想换个学习环境,父母开开心心托人把她转到五中。有一天放学后,妈妈在老地方没有接到她,一大家人找了3小时,才在老房子里找到她。小七说她想念老房子。妈妈冷静之后回想:老房子小,只有两个房间,她带着小七和弟弟俩睡一个房间,爸爸睡另外一个房间。后来住别墅(现在住的房子),父母住三楼,小七住二楼,外婆带小宝住小七隔壁房间里。妈妈说,倔强好强的小七可能在内心深处留恋弟弟出生前父母全身心爱她一个人的那段日子。

事例4:好景不长,一个月后,她又不肯去五中了,先说成绩太差,丢人,后来又说同学排斥她,老师不喜欢她。小七第二次休学了。从此之后,父母的噩梦开始了。整整半年,她把自己关在房间里,跟谁也不说话。她不洗澡,不刷牙,不换衣服。父母睡着了,她到厨房里找点东西充饥,爸爸几乎崩溃到要去看心理医生。有天夜里,小七突然敲门向妈妈求助——她发烧一个星期了,头痛、眼睛痛。她还怀疑自己得了抑郁症,想去看心理医生。父母带她去南京脑科医院检查,医生确诊不是抑郁症。回家的路上,妈妈发现小七的手腕上有伤痕,小七说:自杀的,划得太浅。

事例5:小七特别喜欢小动物,尤其是猫。为了让她开心点,从脑科医院出来,妈妈给她买了一只布偶猫,小七给她取名52(来源于52赫兹的鲸)。接下来的几个月里,她依旧不跟家人说话,52是她唯一的伙伴,她耐心地给猫喂食、换水、梳毛。有天,52病了,小七只好请父母送到宠物医院去。这是她从脑科医院回来后第一次跟父母说话。

事例6:小七和父母在宠物店买猫的时候,认识了我。一个月后,我家猫生仔,小七求父母带她来我家看小猫,每次来了都不肯走。见她每次依依不舍地跟小猫分开,父母乘机让她转到我们学校读书。

五、心灵档案

1. 早期记忆

幼儿园毕业典礼上。

人物:舞台上幼儿园同学和老师(人物名字不记得),舞台下有家长,我有我的父母(外公、外婆与爷爷、奶奶没来)。

背景颜色:黄色和绿色。

声音:不记得了。

情调:我很伤感。

其他幼儿园老师:略带伤感(其实,不是伤感,是有点不舍的感觉,就像养了有一段时间的小动物跑不见了的感觉)。

幼儿园小朋友:很兴奋(大部分还没能理解分别的感觉)。

氛围:兴奋,家长基本都很兴奋,小朋友也很兴奋。在舞台上,他们摇动着向日葵,他们唱歌,但是音乐声太大,听不清他们在唱什么。后来,有小朋友唱着唱着就哭了。

(说明:为了呈现小七的文字组织能力和思维过程,我原文复制了她的表述。)

2. 词语联想

天空:星星、蓝色、大海、风筝、自由、鹰、鲲、鹏、宇宙、银河、紫色、神秘、渐变、油画、空间、二维、立体、飞马、三体。

人:喜怒哀乐、生老病死、害怕、恐惧、惊悚、兴奋、烦恼、挣扎、离别、厌恶、悲伤、不舍、难过、开心、快乐、烦恼、渺小、依赖、爱、小怪兽。

可是:因为有了因为、所以有了所以、既然已成既然、何必再说何必、感慨、无所谓、没必要、因为、所以、动词、助动词、可能、如果、然后、会、就、既然、都、还不、可以、所以、难道、结局。

跑：跳、打、敲、长、短、截拳道、跆拳道、近身格斗、赤井秀一、安室透、京极真、可能、动作、快、慢、累、舒畅、兴奋、活动、强、弱、厉害、马拉松、徒步、爬山、运动。

宁静：安静、孤独、寂寞、一个人、船、52赫兹、孤独其实是一个人的狂欢、小路、小径、小道、山、兴奋、热闹、狂欢、安详、安全、危机四伏、路明非、小怪兽、楚子航、安全感、家、抱抱。

3. 五项图

图片说明：图中左下是树，树的上面是茅草房，房子和树顶之间是一小团篝火。树的右边是一把扫帚，扫帚的右边是翅膀，翅膀上面有3本书。右上角两个孩子中，左边的是朋友，右边的是小七自己。

4. 全家福

图片说明：一家人的脑袋紧密挨在一起，只有妈妈与其他人之间有点空隙。

六、确定问题

一是厌学问题：遇到挫折和不如意就逃学。

二是亲子相处问题：与家人不和睦，不能与弟弟分享父母的感情。

教 育 会 诊

案主：赵月红老师

会诊小组成员：李红梅老师、刘海仪老师、华莉老师、卜珺老师

一、问诊

卜珺：小七在以前学校跟同学关系紧张，但在新的学校里能和同学们和睦相处。问题出在同学身上，还是她身上呢？

案主：可能是环境问题。她说以前学校的学生不爱学习，他们过于社会化，她不喜欢他们，他们觉得她做给老师看，也不喜欢她。

李红梅：小七更喜欢爸爸还是更喜欢妈妈？

案主：她说更喜欢妈妈，说妈妈学历高、好看、工作能力强。爸爸做事不靠谱、有时候还说粗话。但我感觉她跟妈妈还是有距离感的，跟爸爸距离更近。

华莉：从同学的描述看，小七并非蛮不讲理的孩子。她父母关系不好，小七会不会是通过这个方式挽救父母的婚姻呢？

案主：她父母关系不好是真的。虽然不争不吵，但是家庭冷暴力不少。小七一再表示，她更喜欢妈妈，但我觉得她妈妈对她好像不是那么关心。有一次小七生病，我打电话给她爸爸。当时他爸爸在外地，就打电话给她妈妈叫她来接孩子。妈妈没接电话，回了一条信息：没空。爸爸只好打电话请朋友来带孩子去医院。小七是不是有挽救父母婚姻的动机，我从来没想过。

刘海仪：外婆是个很关键的人物。她偏心小宝，让小七很失落。她甚至还插手到小宝和父亲的正常亲子关系中。小七妈妈知道这个情况吗？她是什么态度呢？

案主：爸爸曾经提过找个住家保姆，让外婆回自己家住，外婆知道后哭

了好久,爸爸只好放弃。尽管爸爸是家里挣钱的主力,但家庭地位不高,妈妈才是一家之主。妈妈经常回家很晚,妈妈不在家的时候,外婆就是一家之主。妈妈可能并不知道外婆阻挠小宝跟爸爸亲近。

二、诊断

卜珺：我觉得这可能是个发展中的问题,随着小七慢慢长大,家庭对她的影响会慢慢弱化,她的状况也会自然好转。

李红梅：小七是个缺乏爱和安全感的孩子。看起来,父母、爷爷、奶奶、外婆,一家人都爱着她,但她感受不到。从五项图看,小七对家庭的感受差。她画的是草房子,没有墙,不能给她提供足够的安全感,她只能靠房子面前的小篝火去取暖。

刘海仪：小七的主要问题还是出在与弟弟争宠上。很多夫妻之间都存在各种各样的矛盾,不光是小七家。小七的问题,还是在于家人没有妥善处理好如何公平公正地对待两个孩子,导致小七有受冷落、受孤立的感受。

三、对策

刘海仪：让外婆回她自己家去。外婆的偏心造成了小七同胞之间的争宠,还导致爸爸和小宝之间正常的亲子关系的表达,她的行为还会影响小宝的成长和发展。

华莉：帮助小七梳理一下她的家庭关系,分析每个人的心理动机,尽量放下执念,减少家庭环境给她带来的负能量。

李红梅：组织班级活动,把多孩家庭中同胞竞争的问题提出来讨论,让小七从与弟弟争宠的执念中走出来,融入到更大的环境中去。

诊 疗 报 告

一、诊疗对象

小七,女,14岁,七年级学生。

二、主要问题

一是厌学问题：常无故逃学。

二是亲子相处问题：与家人不和睦,不能与弟弟分享父母的感情。

三、初步诊断

这是一个有上进心且渴求父母关注的孩子。在同胞竞争中,她常处于劣势,用叛逆、出走、自我堕落等方法分散父母的注意力,减少父母对弟弟的关注。

四、原因分析

小七的困惑并非来源于她自己所描述的学习压力、同学关系,而是来自于与年幼弟弟的竞争中不占优势。因为家人重男轻女,导致她被忽视,她只能通过制造冲突来获得家人关注,包括不吃他们做的饭,不跟他们好好说话,然后又以退学、出走、自残等方式来折磨父母。她对弟弟的厌恶和冷漠并非情感上的故意,只是想重新夺回自己专属的爱。

在五项图中,有一个天使的翅膀掉在了地上,旁边还放了一把扫帚。翅膀可能象征着她的失落感,从天使变成了凡人。而扫帚可能意味着她知道自己的行为有违传统的尊老爱幼的道德标准,想要扫掉心理的障碍,可是又很无力。五项图中左上角画了个没有墙、门窗,只有稻草顶的房子,这是一所不能给人带来安全感的房子,可能是小七心里对家的看法。

从她的词语联想看,她是个敏感却内心孤独的孩子,在引导词"人"里面,大多数联想词都含有孤独、无助、弱小的意向。说明她并非强大到不管不顾别人的感受。对亲人,她做出了种种伤害的行为,但内心却不是那么心安理得,她只是想要夺回被弟弟分走的那部分爱。这一点也可以从五项图中的"扫帚"得到验证。

全家福中,一大家人的脑袋紧紧挨在一起,只有妈妈与其他人之间有点空隙。这暗示了一家人之间没有边界感,触角可能会伸到别人的领域里,也有可能尽不到应该承担的责任,这就不可避免导致矛盾。例如外婆,把小宝当成自己的私有财产,可能只是为了强化自己在家里的作用和地位,其实已经影响到了小宝与父亲之间正常的亲子关系。例如妈妈,有事情不和爸爸商量,而是跟外婆讨论,也是边界意识模糊的表现。

五、转化策略

根据小七的核心问题,我们团队制定了相应的诊疗策略。

1. 家庭方面

① 在老二面前维护老大的形象，时间久了，老二对老大有了信任感和依赖感，老大的责任感便会增强。强烈建议与外婆分开住，留出更多空间给小家庭，给姐弟俩，让姐弟俩在自然环境中处理矛盾和冲突，建立信任和感情。

② 在孩子不排斥的前提下，培养一个兴趣爱好去转移注意力，如乐器类、美术类。

2. 学校方面

① 组织多孩家庭的父母学习如何处理同胞之间的竞争。

② 组织主题班会，学习多孩家庭同胞之间的相处技巧；组织多孩家庭学生的特殊活动，带上弟弟、妹妹一起进行野餐等活动。

3. 孩子自身方面

① 鼓励孩子自我成长，从阅读和兴趣中获取营养，推荐她读一些心理学书籍，比如《深度成长》《了不起的我》《自卑与超越》等。帮助她认识自我的性格优势和缺陷，学习换位思考、共情同理，并提供改变所需要的技巧。

② 写日记，观察自己的心理活动，记录想法的变化。

六、实施与反馈

实施具体如下：

1. 家庭方面

① 劝说外婆每天早上来，晚上回家，尽量不跟小七接触。外婆每天下午把小宝接到自己家吃饭写作业，结束后，爸爸去外婆家把他接回来。减少了外婆在对待两个孩子时的不公平态度，也增加了姐弟俩单独相处的机会。

② 弟弟在家门口的一家琴行学架子鼓。小七也选择了架子鼓，但是她不想跟弟弟在一家琴行，她选择了学校附近的一家琴行。也许她想暗暗使劲，拿出比弟弟更优秀的成绩。

2. 学校方面

元旦前夕，学校邀请了专家做了一次"家校共育"讲座，指导多孩家庭的家长如何处理好两个孩子的关系。很多家长表示，在带孩子的过程中，因为二孩还小，投入的感情和精力肯定多一些，日常也总是会要求老大让着老二，从来没有考虑过老大的感受，其实老大也还只是个孩子。此外，在家里拿两个孩子比较,也很大程度上伤害了老大。

在学校"庆元旦"活动中,各班要进行评比打分,同学们建议小七邀请弟弟给大家敲架子鼓,女生伴舞。小七带着弟弟来了。这是姐弟俩第一次单独相处,妈妈不放心,我在这个过程中给她拍了很多视频。回家后,小七走进弟弟的房间,告诉他有一个地方敲错了。

3. 孩子自身方面

寒假前,我送了她一本日记本。一学期后,已经写满了。疫情期间,小七还用思维导图的形式把日记里的大事进行分类总结。

自我成长是最有价值的经历。小七对心理学感兴趣,在老师的推荐下,她看了《了不起的我》,还在班会课上跟同学们分享其中的章节。

以上实施取得了良好的反馈:

小七的学习能力原本不弱,在成长的软环境发生变化之后,她在学习中得到了越来越多的乐趣,关注的重点也从家庭变为学校。进入九年级以后,她一直稳步发展,终于收到了四星级热点高中的录取通知书。

在与弟弟相处方面,小七偶尔会辅导弟弟做功课,有时会帮弟弟在《家校联系本》上签字。中考后,姐弟俩在南京报了一个 Python 培训班,每天早上,小七带着弟弟乘火车去南京,放学后,带着他乘火车回来。这个变化,可能是受班级环境的影响。我们班独生子女只占 40%,大部分孩子都需要处理好与兄弟姐妹的关系。课间,孩子们会交流与兄弟姐妹之间的关系,这就一定程度上帮助小七淡化了与弟弟之间的矛盾和冲突。

班主任锦囊

随着生育政策的全面放开,更多孩子将要迎接弟弟、妹妹的到来,同胞之间的竞争将会越来越多。同胞竞争障碍是指随着弟弟或妹妹的出生,大人会把注意力更多地转移到小孩子身上,大孩子妒忌、失落,他们会采用极端的手段去吸引父母的注意力,以得到更多的"爱"。

同胞竞争的"解药"主要在父母手上,作为老师,我们可以从两个方面入手:一是帮助父母更好地应对同胞之间的竞争,二是组织活动,帮助大孩转移注意力，度过心理上的失落期。

父母培训方面，要鼓励父母自我提升学习，运用科学的教养方式。父母可以通过网络、书本以及线下实际交流活动，不断完善知识结构、提升自己的育儿能力，运用科学的教养方式养育多个孩子。

尊重孩子的个体差异，切不可有"分别心"。有多个孩子的父母不由自主地会将孩子作比较，甚至将孩子之间的差异看成差距。每个孩子都有自己的个性和差异，观察并发现他们的差异，给予每个孩子成长所需要的空间，会减少同胞之间的竞争和仇视。

学校方面，要组织主题班会，引导孩子意识到自己对弟弟、妹妹的排斥行为并非道德问题，而是正常的自我保护。当孩子意识到自身的问题并非特例，心理压力会减轻许多，也有利于激发他们"爱幼"的本能。

鼓励孩子自我成长，珍惜多孩家庭环境的优势。家庭是小社会，同胞之间的适度竞争是社会化的一部分。多孩家庭里长大的孩子，在合作分享、抗压抗挫等方面要优于独生子女。他们还更容易在家庭内部锻炼自己的领导力、组织力和表达力，为成年后的社会化打下基础。

后 记

学生在成长过程中,会有很多让人惊喜的发展,也会出现各种各样不尽如人意的问题。教师的工作,就是和个性鲜明的学生打交道,处理各种错综复杂的问题,并有效地解决问题,从而化不利为有利、化问题为成长的转机,引领学生健康成长。这个过程可以显现教师独特的智慧。

教师特别是班主任在平时的教育教学过程中往往不能正确看待学生,尤其是"有问题的学生",他们常常戴着有色眼镜看人,习惯性地给学生贴标签。因此,我们需要将眼前看到的种种学生问题进行分类:哪些学生问题随着时间的推移会慢慢改善;哪些学生问题需要在教育和生活中通过常规措施去解决;哪些学生问题需要用到教育诊疗手段,否则路会越走越歪,将来不好收拾。鉴于此,我们组织相关的教育专家和一线教师,编写了《让我看见你——学生问题教育诊疗》一书,对学生问题教育诊疗的概念、特点和具体实施作了具体阐述。从学生个体与自我关系中的问题、学生个体与他人关系中的问题、学生个体与环境关系中的问题、学生个体与时代关系中的问题四个角度精心挑选典型案例,用案例的方式呈现学生问题教育诊疗的详细过程。这些都旨在为一线教师解决学生问题提供可借鉴的方法与策略。

在阅读本书的过程中,我们可以看到,不是每一个学生问题都需要用到教育诊疗手段。按照学生问题的严重性程度,我们要学会应该如何有针对性地诊疗,多去分析探究教育环节中的问题。一线的老师们,应在理解本书的理论基础后,努力掌握教育诊疗技术,放弃直觉和惯性思维,抛开责备和歧视,多分析学生问题存在的原因,对症下药,以教育诊疗为指导,以宽容之心接纳他们,用爱心、恒心感化影响他们,用教育智慧去诊疗那些困惑的心灵,引领学生感受朝气蓬勃的青春,走向健康美好的未来。

感谢为本书撰稿的优秀老师们,这本书闪耀着他们智慧的光芒。本书案例提供者分别为:《时间管理问题:拖延,背后有真相》(卜珺);《"学霸"的心理问题:期待你的阳光笑脸》(李红梅);《内驱力不足的问题:"佛系少年"的教育之路》(谢莉);《情绪的问题:失控的孩子》(邢晓萍);《异性交往问题:为"爱"痴狂》(姚晓欢);《学优生的自律问题:不完美的"学霸"》(赵月红);《离异家庭孩子的问题:面对父母缺位的孩子怎么办?》(赵婷);《校园欺凌的问题:为什么受伤的总是我?》(赵婷);《手机使用的问题:手机,天使 or 魔鬼?》(凌荷仙);《同胞竞争问题:老大的烦恼》(赵月红)。

感谢本书的总主编齐学红教授和教育诊疗专家王晓春团队对这本书的关心指导;感谢本书主编华莉、姚晓欢、赵月红三位老师,感谢本书编委李红梅、卜珺、赵婷、谢莉、凌荷仙、邢晓萍、刘海仪老师;感谢复旦大学出版社朱建宝编辑的宝贵意见和辛苦努力,使这本书能够顺利出版。

编者
2023 年 2 月

主要参考文献

图书

1. ［英］芭芭拉·汉娜著:《荣格的生活与工作:传记体回忆录》,李亦雄译,东方出版社,1998 年
2. 冯化平主编:《能力立体培养方案》,内蒙古科学技术出版社,2002 年
3. ［奥］阿尔弗雷德·阿德勒著:《生命对你意味着什么》,王倩译,南海出版公司,2015 年
4. ［美］简·博克、莱诺拉·袁著:《拖延心理学:向与生俱来的行为顽症宣战》,蒋永强、陆正芳译,中国人民大学出版社,2009 年
5. 陶新华著:《教育中的积极心理学》,华东师范大学出版社,2017 年
6. 王晓春著:《给老师一件"新武器"——教育诊疗》,中国轻工业出版社,2009 年
7. 王意中著:《戒掉孩子的拖延症》,中国友谊出版公司,2018 年
8. 伍新春主编:《中学生心理辅导》,高等教育出版社,2010 年
9. 严虎、陈晋东主编:《绘画分析与心理治疗手册》(上册)(第 2 版),中南大学出版社,2016 年
10. 严虎著:《问题学生诊疗手册》(第二版),华东师范大学出版社,2013 年
11. 严文华著:《心理画外音》,上海锦绣文章出版社,2003 年

论文

1. 陆婷婷:《离异家庭子女心理健康问题及辅导建议》,《读与写(教育教学刊)》,2009 年第 5 期
2. 王东莉、马建青:《请关注"特殊人群"——"优秀学生心理综合症"探

析》,《当代青年研究》,2001 第 5 期

3. 王梓露:《校园欺凌问题成因与预防分析》,《法制博览》,2018 年第 29 期

4. 夏晖、朱兆军:《离异家庭初中生心理问题案例及教育对策》,《中小学班主任》,2020 年第 11 期

图书在版编目(CIP)数据

让我看见你:学生问题教育诊疗/华莉,姚晓欢,赵月红主编. —上海:复旦大学出版社,2023.4
(随园班主任小丛书/齐学红总主编)
ISBN 978-7-309-16666-8

Ⅰ.①让… Ⅱ.①华… ②姚… ③赵… Ⅲ.①中小学-班主任工作-研究 Ⅳ.①G635.16

中国版本图书馆 CIP 数据核字(2022)第 243076 号

让我看见你:学生问题教育诊疗
华 莉 姚晓欢 赵月红 主编
责任编辑/朱建宝

复旦大学出版社有限公司出版发行
上海市国权路 579 号   邮编:200433
网址:fupnet@ fudanpress.com   http://www.fudanpress.com
门市零售:86-21-65102580   团体订购:86-21-65104505
出版部电话:86-21-65642845
浙江临安曙光印务有限公司

开本 787×1092 1/16 印张 12.25 字数 181 千
2023 年 4 月第 1 版
2023 年 4 月第 1 版第 1 次印刷

ISBN 978-7-309-16666-8/G·2456
定价:48.00 元

如有印装质量问题,请向复旦大学出版社有限公司出版部调换。
版权所有   侵权必究